Not Like This

藤高和輝
Kazuki Fujitaka

ノット・ライク・ディス
——トランスジェンダーと身体の哲学

Not Like This

藤高和輝

Kazuki Fujitaka

ノット・ライク・ディス

——トランスジェンダーと身体の哲学

ノット・ライク・ディス　目次

装幀：近藤みどり
カバー写真：Thiago Matos

ノット・ライク・ディス——トランスジェンダーと身体の哲学

Not like this, not like this.

——スウィッチ『マトリックス』

序章　マトリックスの夢、あるいは真理の場所

お前たちは私たちを恐れている。変化を恐れている。未来のことはわからない。だから、この戦いがどんな結末を迎えるかを伝えるためにここにきたわけではない。ここに来たのは、闘いはこれから始まることを伝えるためだ。この電話を切った後、私は人々に見せるだろう、お前たちが見せたくないものを――お前たちのいない世界、どんな規則も支配もなく、どんな境界線も限界もない世界、あらゆることが可能な世界を。

――ネオ（『マトリックス』）

映画『マトリックス』の監督の一人であるリリー・ウォシャウスキーは、『マトリックス』がトランスジェンダーのアレゴリーだったと語っている。[*1]『マトリックス』は、人々が現実世界と考えているものが実は「マトリックス」と呼ばれるAIによって作り出された仮想空間であり、実際の現実世界では人間たちはAIによってエネルギー源として効率的に支配・管理されている世界を舞台とした映画である。主人公のネオは、実際には仮想空間である現実世界に対して違和感を抱え、ついにはその世界から目覚め、機械たちと戦うことを選ぶ、というのがこの映画の大筋のストーリーである。

この物語はたしかに、トランスジェンダーのある種の世界観を映し出している。まず、分かりやすい例を取り上げれば、リリーは当初、作中に出てくるスウィッチというキャラクターを「仮想

＊1 「映画『マトリックス』にトランスジェンダーの寓意が込められていたことをリリー・ウォシャウスキー監督が明らかにしました」『OUT JAPAN Co., Ltd.』。https://www.outjapan.co.jp/lgbtcolumn_news/news/2020/8/6.html 二〇二〇年一一月二三日取得）

世界では女性で現実世界では男性」というトランスジェンダー的な存在として設定していたらしい。[*2]この設定は最終的には放棄されるが、このエピソードは『マトリックス』の世界観がトランスジェンダー的なそれと関連があったことを端的に示しているだろう。リリーはこの映画で表現したかったものが「変わりたいという願い」だったとも述べており、[*3]仮想空間で身体を自由自在に軽やかに動かしてみせるネオらの姿はそのような「変わりたいという願い」とその「喜び」をたしかに表現している。

映画の内容に踏み込んで言えば、主人公のネオがモーフィアスに赤いカプセルと青いカプセル、どちらを飲むかを迫られるシーンがある。モーフィアスはネオに次のように語る。「青いカプセルを飲めば、物語は終わる。君はベッドで目覚め、信じたいと思っているものを信じる。赤いカプセルを飲めば、君はこの不思議の国に留まる。そして、ウサギの抜け穴がどれほど深くつづいているかを私は君に示すだろう」。赤いカプセルを飲むことは「真理」をみることを選択することであり、青いカプセルを飲むことは「真理を隠すために君の目に覆われた世界」である「マトリックス」をそのまま自明なものとして信じ、真理から目を背けることである。そして、ネオは赤いカプセルを飲むことを選択する。このシーンをトランスの「アレゴリー」として読むなら、赤いカプセルを飲むこと、それは性別移行することへの意志であり、真理への意志であると言えるかもしれない。赤いカプセルを飲むことが真理への道を選択することであるなら、それは「偽りの私」を捨て、「本当の私」になることを選択することだと言えるだろう。そして、カプセルを飲むことそのものが性別移行をするためのホルモン投与の「アレゴリー」であると考えることもできる。そのとき重要なのは、赤いカプセルを飲むこと――すなわち、トランスすること――がこの映画では「真理への意志」として表象されている点である。

思い起こせば、主人公たちと敵対するエージェントはなんにでも「変身可能」であるにもかかわらず、どのエージェントもみな一様に白人男性で、黒いスーツにサングラスをかけた姿で現れる。それは「変わりたいという願い」に対して抑圧を強いる社会的規範を体現していると言えるかもしれない。そして彼らにとって、ネオらの存在そのものが世界というシステムのなかのバグであり、取り除かれるべき違和である。そのように考えると、「マトリックス」という仮想空間そのものが性別違和の「アレゴリー」として読めるかもしれない。エージェントがネオらをバグ＝違和として排除し、「単調な」同一化を迫る社会的な圧力であるとすれば、ネオらの存在はその世界のなかで「真理」を語り、「本当の私」を体現する存在である。

冒頭に引いた言葉は、ネオが映画のラストで機械たちに告げる言葉である。ネオが機械たちに布告する「あらゆることが可能な世界」――そこでは当然、性別移行も可能であるにちがいない。映画のラストでネオが空中を自在に飛び回ることを考えれば、性別移行など、マトリックスの世界

＊2　同上。
＊3　同上。

では容易いものだろう。私が思い描く身体イメージは即座に反映され、私はいつでも理想的な身体を生きることができる。この意味で、『マトリックス』はトランスにとってのユートピアを描いていると言えるだろう。それはもはや、性別違和さえ存在しない世界である。私の「変わりたいという願い」は身体に即座に反映されるのだから。そこでは、身体が私を困らせることはないだろう。

ところで、『マトリックス』はまた、きわめてデカルト的な世界観によって構成されてもいる。作品のなかで、モーフィアスはネオに「現実としか思えない夢」について語り、「その夢から目覚めることはできるだろうか。現実の世界と夢の世界を区別できるだろうか」と問いかけたり、五感の内容は「脳によって解釈された単なる電気信号にすぎない」と述べ、その「不確かさ」を訴えている。これらの例は明らかにデカルトの『省察』からのものであろう。モーフィアスと同様に、デカルトは『省察』において、身体的知覚が誤りうるものであることや、この現実世界が実は「夢の続き」であるかもしれない可能性に触れて、あらゆる事象の「確かさ」を懐疑する。そのような懐疑によって彼が最終的にたどり着いたのは、この疑う私、その実在だけは唯一確かであるという真理である。この世界がたとえ「夢」であり、「不確かなもの」であったとしても、たとえ私の意識が悪魔に乗っ取られていたとしても、私が疑うとき、その「疑っている私」が存在することはその他一切が不確かだったとしても唯一真実である、と。「我思う（＝疑う）ゆえに、我あり」が近代的自我の幕開けとされているのは、この「疑う私」の存在、その確実性が神の存在証明よりも先行して真理であると（結果的に）告げられたことになるからである。

『マトリックス』はこのようなデカルト的世界観をかなり忠実に再現している。すでに言及したモーフィアスの言葉からも分かるように、身体的知覚や外部世界の「確実性」は徹底的に懐疑される。マトリックスという仮想空間では、身体は意識によって文字通り「操作可能なもの」であり、「当たり前」で「自然」と感じられる身体的制約は意識的自由の重い枷でしかない。モーフィアスがネオに繰り返し諭すのは身体という枷から意識を自由に解き放つことであり、したがって唯一真理であるのは意識である。意識は身体的制約を乗り越えることができるのであり、真理は「身体という制約」を乗り越えた先にある。

他方、身体は『マトリックス』においてモノとして表象されていると言える。映画における実際の現実世界において、身体とはAIによって管理されている物質であり、それはAIにとって必要な電力を生むエネルギー源である。そこでは、人間の身体はエネルギーを生む物質であり、そしてそれが継続的にエネルギーを供給するために管理される必要のある物質としてある。ネオが仮想空間から脱出した後のシーンで描かれる船内の食事のシーンでは、「ゲロッグ」と揶揄される白いおかゆのような食べ物が出てくるのだが、そこでは「これを食べれば栄養的に十分である」といった説明がなされる。そのとき皮肉なことに、AIの支配から逃れたはずの人間たちは自らの身体をAIと同様に「ただの物質」として捉えていることになる。「ゲロッグ」がいわばAIにとっての人間の身体に他ならないのだとすれば、この点において、両者の身体に対する認識は一致してしまっているのである。『マトリックス』において、身体とは「モノ＝機械」である。ちょうど、デカルトが身体をそう捉えたのと同じように。
『マトリックス』における身体はいわば、「私」の「自由な意識」に重くのしかかり、まとわりついているかのようである。それは、仮想空間における身体の扱いと対照させると明らかであろう。マトリックスと呼ばれる仮想空間において、身体はその「重さ」を忘れ、超越し、常軌を逸した「軽さ」を獲得する。映画公開当時に流行したネオが銃弾をよけるシーン（実際には、身体は意識のスピードに追いつけず損傷するのだが）をはじめとして、身体は羽のように軽やかなものとして描かれる。それに対して、仮想世界からネオがはじめて目覚めたシーンでは、現実世界の身体はいかにも重々しい。自由に動かすことはできず、ただ機械の「処理」に身を任せる他ないものとして、身体は表象されている。そこでは、身体は、意識によって乗り越えられるべき「重さ」なのである。

この映画がトランスの「アレゴリー」であり、そしてそれがデカルト的世界観によって表現されているとするならば、私たちは次のように問うべきだろう——それでは、トランスの身体はどこにいったのか、と。

ここで、私はある思考実験をしてみたい。それは、当初計画されていた設定のスウィッチ（現実世界では男性で仮想空間では女性であるキャラクター）がもし実際に『マトリックス』に登場していたらどうなるのか、という問いである。リリーは当時の一九九九年の時点ではトランスジェンダーを作中に表現することが社会的に困難であり受け入れられなかっただろうと指摘しており、それゆえにこの設定を採用することができなかったという旨の主張を行っている。*4 それはたしかに、スウィッチの当初の設定を反映させることができなかった理由のひとつであろう。しかし、私にはスウィッチのトランス性を作中で描くことができなかったもっと根本的な理由があるように思われるのだ。

もし仮に、スウィッチが「現実世界では男性で仮想空間では女性」のキャラクターとして現れていたとしよう。そのとき、スウィッチのジェンダー・アイデンティティは男女のいずれだったのだろう。仮想空間が意識的自由の世界であり、スウィッチがマトリックスの虚構性から「目覚めた」人間であるのならば、仮想空間における女というジェンダー・アイデンティティが彼女にとっての「真理」であるということになるだろう。だが、ここで疑問が湧く。そもそも、マトリックスとは「虚構の世界」、モーフィアスの言葉を借りれば「コンピューターが作り出した夢の世界」であり、したがって、それは現実世界に対して「非現実的なもの」として現れるのではないか。つまり、そうなると、トランスジェンダーにとってのアイデンティティという「真理」は現実世界の現実性に対して仮想空間の「虚構性」によって担保されてしまうことになってしまう。それは結果的に、「彼女」のアイデンティティのまさにその真理性に対して「虚構上のもの」という性格を与えてしまう可能性があるのではないか。そしてまた、より重大なことに、スウィッチは現実世界に戻る度に、自身の性別違和に苛まれることになるだろう。そうなると、彼女はサイファーという「裏切り

＊4　同上。

者」――スウィッチは作中ではまさにこの人物によって殺害されるのだが――と同様に、「マトリックスの世界」をこそユートピアと考え、現実世界を捨て、仮想空間で生きることを選んでしまうのではないか。そうであれば、彼女が「現実世界」で生きる可能性は失われてしまうことになる。そのとき、実際の映画の作中におけるスウィッチの殺害は意味深なものになる。スウィッチは仮想空間にいる間に、サイファーによって仮想空間と現実空間をつなぐプラグを抜かれることで殺されるのである――"Not like this, not like this"という言葉を最後に言い残して。その死は、現実世界における身体の「乗り越え難さ」を告げるものとなっており、いわば、スウィッチは現実世界によって殺されるのだ。トランスジェンダーとしてのスウィッチには現実世界を生きる可能性が剥奪されてしまっているのであり、まさに、このことがスウィッチをトランスジェンダー的存在として登場させることの不可能性だったのではないか。[*5]

おそらく、この思考実験から帰結することは、トランスジェンダーのアイデンティティの真理性がデカルト的世界観においては担保できないということである。デカルト的世界において、心身は別々の二実体として把握される。このような「心身二元論」という認識枠組みは例えば、一般にトランスジェンダーの存在が説明されるときによくみかける説明、すなわち「心の性」と「体の性」という一対の概念によるトランスジェンダーの説明において私たちが出くわすものでもある。その説明では、「心」にトランスジェンダーにとっての真理が担保されることになるのだが、しかし、そこでは「体」が「現実」に存在する「物質的なもの」であり、そして、『マトリックス』における身体がそうであるように、意識に重くのしかかる、意識が乗り越えるべき「否定的なもの」であるということになる。再び問うなら、そのとき、トランスの身体はどこにいってしまったのか。移行前の身体が否定的に「乗り越えられるべきもの」であるというのが部分的に正しいとしても、このような認識の枠組みでは、身体は移行前であっても移行後であっても、ただ意識の要求や理想を満たし反映するためだけに存在する「モノ」としての身体ということになる。しかし、それはトランスの実情から離れた世界観ではないか。なぜなら、トランスにとって自らの身体はただの「モノ」ではないはずだからだ。それはたしかに、性別違和を引き起こす「重さ」として存在するかもしれないが、同時に、自らが理想的と考えるその身体イメージ、そして様々な仕方でトランスする

＊5 マトリックスという仮想空間が意識的自由の世界を表すものである以上、「現実世界では男性で仮想空間では女性」と当初計画されていた設定のスウィッチはおそらく「トランス女性」として考えられていた可能性が高いように思われるが、スウィッチがトランス男性である場合も考えてみよう。つまり、仮想空間における「女性」としてのあり方こそが「彼」にとっては性別違和を引き起こすものであり、それに対して彼のジェンダー・アイデンティティは現実世界における「男」というジェンダーにあるのだと。だが、この解釈はある重大な問題や矛盾を生む。もし、彼のジェンダー・アイデンティティが現実世界における男性としての物質的身体に求められるなら、それは皮肉なことに、物質としての身体にジェンダー・アイデンティティを還元する、まさにトランスジェンダーが苦しみ、抗ってきたはずの社会的規範を踏襲してしまう。後述するように、現実世界のセックスにジェンダー・アイデンティティの真理を求めるあり方は「病理学的図式」に重なるものである。

ことで生きられる身体は「モノ」以上のものであるはずだ。むしろ、トランスにとって、自らに対してもつ身体イメージや様々な水準で行われる移行によって得られる身体といったものは単なる「モノ」ではなく、そこにこそ自らの「真理」が担保されるような「生きられた現実」ではないだろうか。

そうだとすれば、私たちはトランスジェンダーにとっての真理を担保するために、デカルト的な世界、あるいは『マトリックス』が描く世界そのものから脱出する必要があるのではないだろうか。あるいは言い換えるなら、『マトリックス』が描き出すトランス的ユートピアを非デカルト的な仕方で書き直す必要があるのではないか。私たちは、心と身体を別々の二実体として表象し、身体を「モノ」に還元するそのような認識枠組みとは異なるオルタナティヴな認識枠組みを必要としている。デカルト的な世界観においてトランスのアイデンティティのその真理性が失われてしまうのであれば、私たちはどのようにその真理を語ることができるのか。本書の背景にあり、本書を衝き動かしたのは、このような問いである。それは、トランスジェンダー的存在としてのスウィッチが現実的に生きられる世界を想像する試みでもあるだろう。

＊＊＊

本書『ノット・ライク・ディス』は、トランスの身体性を記述し直す理論的試みである。しかし、それはトランスの身体を（シスジェンダーに対して）「特殊な」身体とみなし、その「特殊な」経験を明らかにする試みではない。むしろ、このような人口に広く膾炙しているトランスジェンダーに対する病理学的な認識図式を批判し、オルタナティヴな理論的枠組みを提示することが本書の主要な狙いである。それはまた、「身体とは何か」という問いをトランス的観点から思考する試みであると言い換えることもできるだろう。本書において私はトランスの身体経験を分析するが、それは「トランスにとっての身体とは何か」という問いに応えるものであると同時に、トランス的観点から、誰もが生きているこの私の身体とは何かを再考する試みでもある。

そこでこの序文では、トランスジェンダーの存在を説明する既存の理論的枠組みのいくつかを批判的に検討し、本書で提示するオルタナティヴな理論的枠組みを素描することにしたい。そのような既存の枠組みとして、(1) 病理学的図式、(2) デカルト的図式、(3) 構築主義的図式の三つを挙げることができる。前者の二つの図式に対して本書は明確な反対の立場を採るが、三つ目の構築主義的図式に関しては部分的な批判を行うことで、批判的に再定式化することを目指している。そこで以下では、各々の理論的図式が抱える問題点をみていこう。

病理学的図式は、トランスジェンダーの存在を「病理」「異常」「特殊」とみなす解釈の枠組みである。トランスジェンダーは近代精神医学において「精神疾患」と捉えられてきた。日本では、以前に比べて「トランスジェンダー」という呼称が一般に広がったとはいえ、それでも「性同一性障害」という言葉やそこにみられる認識論的枠組みは根強く残っている。「性同一性障害 (gender identity disorder)」は最新のＤＳＭ (『精神疾患の診断・統計マニュアル』) において「性別違和 (gender dysphoria)」に取って代わり、「障害」という語は取り除かれることになった。もちろん、「性別違和」という言葉もDSMに記載されてある以上は「精神疾患」とみなされていることに変わりはない。だが、WHOが二〇一九年六月に発表したICD（国際疾病分類）では、ついに「性同一性障害」（ICDの前の版ではこの用語が用いられていた）は「精神疾患」のカテゴリーから外され、「性の健康に関連する状態（Conditions related to sexual health)」のカテゴリーに数え入れられることとなり、名称も「ジェンダー不一致（gender incongruence)」に改称された。このように「トランスジェンダーの脱病理化」は確実に進んでいるが、とはいえ、トランスジェンダーの存在を一種の「病理」として解釈する傾向はいまだに根強いだろう。

医学的言説がもつ問題はまず、それがトランスジェンダーを「他者化」あるいは「対象化」してきたことにある。アメリカ合衆国のトランスジェンダー・スタディーズの記念碑的論文としてしばしばサンディ・ストーンの「帝国の逆襲——ポストトランスセクシュアル宣言」（1991）が取り上げられるが、それは、医学的言説によるトランスジェンダーの対象化に反対し、当事者自らが声を上げ、自分たちの経験を語ることを呼びかけた点にある。ストーンがなによりも求めたのは、医学的言説によって抹消されたトランスジェンダーの実存や経験をトランスジェンダー自らが語ることだった。病理学的図式において、トランスの真理を語り、「本当のこと」を知っているのは医者なのであり、まさにストーンが批判したのはこのような「真理の体制」そのものだったと言えるだろう。

さらにここで着目したいのは、トランスの性別違和が歴史的に「精神疾患」とみなされてきた／

いる点である。なぜ、「精神疾患」なのか。あるいは、トランスの性別違和を「精神疾患」とみなすことが可能になるのはいかにしてなのか。そこには、次のような「真理の体制」がある――すなわち、身体は物質的で客観的なものであり、それゆえ身体が「間違う」ことはなく、それゆえ「間違い」があるとすればそれは精神の方であるという認識が。トランスの性別違和を「精神疾患」とみなすことができるのは、物質的で客観的とされる身体に「真理」があるという認識の体制が働いているからである。この認識枠組みに従うならば、トランス当事者の側には「真理を語る」力はないことになる。なぜなら、客観的真理は物質的身体にあり、それゆえトランスの語りは「虚偽」のものとして片づけられることになるからである。歴史上、トランスの語りが「妄想」としてカテゴライズされ、「身体」よりも「精神」の方がまず「治療の対象」として扱われたのはそのためである。

二つ目の認識枠組みはデカルト的図式である。この図式は、すでにみた病理学的図式においても、それが心身二元論を前提にしている点に認められるが、病理学的言説に対抗的な社会的言説にも認められるものである。その図式においては先の病理学的図式とは反対に、トランス当事者の「精神」や「心」に「真理」が置かれる。それゆえ、この図式において、「間違って」いるのは「物質的な身体」の方であるとされる。これがデカルト的図式であるというのは先に『マトリックス』を例にしてみたように、心身を別々の二実体に分け、「心」を「身体」よりも優位に置き、身体を単なる物質に還元してしまうからである。

この図式は、「心の性」や「ジェンダー・アイデンティティ」という一般によく見受けられるトランスジェンダーに関する説明に認められるものである。もちろん、この説明図式が「デカルト的」であるという一点でその必要性を全否定する意図はない。このような説明が要求されてきたのは、トランスジェンダーと同性愛者が「混同」されてきた歴史があるからであり、いまなお、そのような「混同」は根強い。それはジェンダー・アイデンティティとセクシュアル・オリエンテーションが腑分けされずに理解されてきたからであり、例えば「女性を性的対象とする」のならば「ジェンダー・アイデンティティは男性のはず」といった塩梅である。ここでは、ジェンダー・アイデンティティとセクシュアル・オリエンテーションという本来分けて考えられねばならないものが混同され、「セクシュアル・オリエンテーションをジェンダー・アイデンティティによって説明する」ものになっている（もちろん、その逆の場合の「混同」もある）。「体の性」「心の性」「好きになる性」というよく見かける説明方式はこのような「混同」に抗するものとして生まれたものであり、一概に全否定されるべきではなく、文脈に応じて必要とされるものであるだろう。しかし、ここで主張しておきたいのは、「私たち」を説明する概念や用語、理論といったものは決して「完成」するということはないということだ。[*6]「私たち」を説明するその概念はつねに更新されつづけられるべきものであって、完成されるべきものではないだろう。本書で私が提示するものもそのような努力のひとつであり、そして、それはさらなる更新を待つものである。ここで、モーリス・メルロ＝ポンティが現象学的還元の「最も偉大な教訓」（メルロ＝ポンティ　一九七五：一三）と呼んだものを引いておいてもいいだろう。その教訓とは「完全な還元は不可能だということ」であり、したがって、「哲学とは己れ自身の端緒のつねに更新されてゆく経験である」（メルロ＝ポンティ　一九七五：一三）。

「心の性／体の性」というデカルト的図式においては、トランスの真理は「心」に求められる。だが、真理の場所とされ、身体とは切り離された「心」とは一体何なのか。そして、そのような「心」のなかにあるとされる「性別」とは何か。「心の性／体の性」という説明を聞いて、シスジェンダーはときに次のように述べる、「「心の性」なんて考えたことも感じたこともない」と。誤解を恐れずに言えば、それはある意味では正しいのだ。なぜなら、「心の性」というもの自体がそもそも不確かで抽象的な実体だからであり、その存在それ自体が生き生きと感得されるわけではないからだ。「「心の性」なんて考えたことも感じたこともない」というシスジェンダーの発言はむしろ、「自分の性別が他者から認められないことを経験したことがない」「自分の性別に疑問や違和を感じ

＊6　例えば、「好きになる性」に関しても付言しておけば、いったい「好き」とは何を指すのか、そのような説明では恋愛指向と性指向がごちゃ混ぜにされており、結果として「恋愛伴侶規範（amatonormativity）」が無批判に温存されてしまっている（“amatonormativity”の訳語は、夜のそら：Aセク情報室　二〇二〇aに依拠した）。「恋愛伴侶規範」とはエリザベス・ブレイクによる用語で、「二人だけの、恋愛的かつ性愛的な愛の関係性という同じタイプの関係性を、誰もが求めているし、誰もがそうした関係のタイプのなかでこそ花開いた人生を送ることができる」（夜のそら：Aセク情報室　二〇二〇a）とする規範のことである。既存の「好きになる性」という言葉はこのような「恋愛伴侶規範」を無批判に前提にしてしまっていると言えよう。

たことがない」という自らのシスジェンダー特権を吐露したものとして翻訳されるべきだろう。

　そしてまた、「心」と「身体」が別々の実体であるなら、なぜ、トランスは自らの身体――服装や化粧などを含む広義のものとしての身体性――を変えたいと願うのかという問いが浮上する。それは哲学においてデカルト以来問題になってきたことでもあるが、理論的に二つの実体を抽出したとしても、私たちは日常生活においてそれらを混然一体となった状態を生きているのが常態である。そのとき、それらの「連絡」を私たちはどのように考えればいいのか。このようないわば「心身合一」の問題が心身二元論の枠組みによっては解決されないことはデカルト的アポリアがいまだ哲学史上の問題として解決されないままであることからも明らかだろう。

　トランスの問題に戻れば、そもそも、私が「こうありたい」と願うものにおいて、たとえ漠然としたものであれ、なんらかの身体イメージがつきまとうものではないだろうか。そこで欲望されているのは、決して単なる抽象的なカテゴリーには還元されないはずである。むしろ、私が求めるものは、男女とか、あるいは男女という二つの性別の枠におさまらないものであれ、そのような抽象的なカテゴリーというよりも、まず、なんらかの「身体の形（morphology）」――性器や胸の形、髪型、体毛の濃さ、肌の質感、服装や化粧による表現、等々――としてイメージされるのではないだろうか。「心の性」が「男性／女性」だからといって、トランス男性／女性は皆一様に同じ身体イメージをもっているわけではないし、したがって、そのトランジションも画一的ではない。この意味で、「心の性」とはいわば、各々のトランスがもつリアリティを捨象した抽象物ではないだろうか。「心の性／体の性」の図式では、トランスが思い描く身体イメージの居場所がないのである。

三つ目の理論的枠組みは構築主義的図式である。この説明方式においては先の二つとは違って、「社会的なもの」の次元が導入されている。構築主義とは、ジェンダーを生物学的に決定されているものと捉える本質主義の議論を批判するものであり、むしろジェンダーとは社会的に構築されるものであるとみなす立場である。「セックスはつねにすでにジェンダーである」と喝破したジュディス・バトラー以降、生物学的なもの（不可変の実体と考えられていたもの）も社会的言説と決して無縁ではなく、その関係のなかで形成され、認識されることが明らかにされた。このような構築主義にもとづいてトランスのジェンダー・アイデンティティを説明しようとする試みはいくつかあるが、ここではその問題点を考察するために、三橋順子や佐倉智美らの議論を取り上げたい（便宜上、三橋や佐倉の議論を「構築主義的図式」と呼び批判するが、私は「構築主義」そのものを全否定するつもりは毛頭ない。むしろ、「構築主義」の理論をより深化させるために、以下の批判的考察を行いたいと考えている）。

三橋はジェンダー・アイデンティティを「doing gender」という「行為」によって形成されるものとして捉えようとしている。例えば、彼女は次のように述べている。

言うまでもないことだが、私たちは社会生活を裸体でしているわけではない。いちいち性器の形態を他者に示すわけでもない。性器に代表される身体的な性は、衣服によって幾重にも隠蔽されている。したがって、一般社会における性別認識の基準が、身体的性別が男女どちらか、あるいは性器の外形が凸か凹かではなく、どちらのジェンダーをしているか（doing gender）になるのは、当然のことなのだ。（三橋　二〇〇六：五八）

三橋は例えば「ある程度の女性ジェンダーを身につけているMTFのトランスジェンダー」が化粧品店やブティックの店員に「女性扱い」されることに触れて、「店員やスタッフが、その人物の身体的性別が男性であることを見抜いていても、しっかり“doing female gender”していれば、「女扱い」になる」と述べている（三橋　二〇〇六：五七）。したがって三橋によれば、社会生活における人々の性別認知は性器によってではなく、「doing gender を指標にした個人の性別認識の積み重ね」（三橋　二〇〇六：五八）によって形成される。このような観点から、三橋はジェンダー・アイデンティティの構築プロセスにおいて「性他認」（三橋　二〇〇六：六〇）の働きの重要性を指摘する。言い換えれば、「doing gender」という行為は受け手を必要とし、その受け手による認知がジェンダー・アイデンティティの形成において重要であるということである。具体的には、「他者から女性として扱われることで女性としての性自認が確認され補強される」（三橋　二〇〇六：六〇）といったように。したがって、「性自認と性他認のフィードバックの絶えざる反復」（三橋　二〇〇六：六〇）によってトランスジェンダーは自らのアイデンティティを形成していくのだと三橋は主張する。

このように、三橋の論はジェンダー・アイデンティティの社会的構築の側面を強調するものである。ジェンダー・アイデンティティは決して「生まれつき」のものではなく、社会的な諸関係のなかで形成されるものであるし、他者による認知もその形成に大きく関わっていることはたしかだろう。しかし、三橋の議論に対して私は多くの疑問や違和感を禁じえない。あるいははっきりと言えば、このような理論化は、すべてではないにしてもあまりにも多くのトランスの実感を犠牲にするものであるように思われるのだ。

例えば三橋にとっては、性器は社会生活における性別認知にほとんど関わらないものである。三橋の言うように、たしかに、社会生活において性器が問題になるシーンはほとんど存在しない。だが、人々の他者に対する性別認知が性器に必ずしも依存していないということと、私にとって性器のあり方が重要であるかどうかとは異なる問題であるはずであり、後者を前者に還元するのは論理的な飛躍である。しかし、三橋の理論的枠組みでは、性器を除去したり、新たな性器を創り出そうとすることは、大半の社会生活における性別認知とは関係のない事柄であるから、「本来わざわざする必要のないこと」ということになる。おそらく、この枠組みに従うなら、トランス男性あるいはノンバイナリーにとっての「乳房」にしても同様であることになる。それはさらしやナベシャツによって隠せばいいのであって、厳密には取り除く必要はないということになるだろう。だが、その記述は、胸の膨らみへのあの嫌悪、自らの性器に対して感じるあの異物感を決して説明してくれない。それどころか、「そんなものに拘る私はジェンダー規範に囚われているのではないか」という「私」を苦しめる「呪いの言葉」にさえなりうるだろう。

さらに言えば、三橋が描く「行為」や「身体」は山田秀頌が指摘しているように、きわめて「道具的な」印象を与える。山田は次のように述べている。「三橋の枠組みで前提されているのは、一方で身体は社会的な意味づけ以前の物質性であり、他方でＴＧ〔トランスジェンダーの略：引用者注〕にとってこの物質的な身体は、それを通じてジェンダーの遂行＝自己決定が可能となる媒体ないし道具だということである」（山田　二〇二〇：五九）。実際、三橋の記述から窺われるのは、身体は「性他認」を獲得するための「媒介ないし道具」であるという発想である。ここで私たちが再び遭遇しているのは、デカルト的あるいはマトリックス的図式が抱えている問題と同じものである。すなわち、身体は、それに対する意味づけを待つ受動的な対象として表象されており、そこでは身体は「モノ＝道具」である。前者では身体は「心」や「意識」の欲望や意図を満たすためのモノであり、後者では他者からの性別認知を得るための道具である。だが、トランスにとっての身体性は決して、他者から認知を引き出すためだけに存在する戦略的な道具ではないはずである。

このように、三橋の記述は多くの点で、問題を抱えているものであるように思われる。しかし、ある意味ではそれら以上に、三橋の議論には決定的に問題含みのものと思われる点が存在する。それは「性他認」という概念である。「性他認」という概念が抱える問題を考える上で取り上げたいのが、以下の佐倉智美による記述である。

しかし、なりたい自分になった後の状態が、現行のジェンダー秩序・ジェンダー体制の下では、強制的に〈男〉か〈女〉かに分類されてしまうという現実がある（分類不能な状態が許されがたいということさえある）。その分類をおこなうのは、誰かと言えば、それはもちろん、ひとりひとりの生活現場にいる他者だということになる。ということは、性別とは自認するものではなく、社会の中で他者によって判断されるものなのである。あるいは、その他者の判断を先回りして予測した結果が性の自認だと言えるかもしれない。
ようするに性自認ではなく〈性他認〉なのである。（佐倉　二〇〇六：七六。強調引用者）

佐倉はここで、「性自認（gender identity）」は「性他認」である、とまで断定している。「性自認」とは「他者の判断を先回りして予測した結果」なのであり、いわばその「起源」とは「性他認」なのである。このような理論はある意味では、三橋の論の論理的な帰結でもある。三橋は、ジェンダー・アイデンティティの構築を「doing gender」という行為の観点から捉えようとした。そして、「doing gender」はその宛先を必要とし、受け手によって解釈されることではじめて意味をもつ。そうであるとすれば、そのとき、その人のジェンダーを決定するのは〈他者〉であるということになりはしないか。したがって、「性自認」を「性他認」とみなす佐倉の理論的結語は三橋の論の論理的でラディカルな帰結でもある。先に引いた箇所で三橋は「しっかり“doing female gender”していれば、「女扱い」になる」と述べていたが、しかし、その「しっかり」の意味内容とは何なのか。その基準をいったい誰が判断するのか。

このような議論はたとえ生物学的本質主義を回避するために要請されたものだとしても、その代償はあまりにも大きいように思われる。もしも「性自認」が「性他認」であるのなら、すなわち、「私の」ジェンダー・アイデンティティが畢竟「社会の中で他者によって判断されるもの」でしかないなら、そのとき失われるのはまさに「私」である。「性自認」が理論上「性他認」に還元されるなら、そこには「私」の余地は一切存在しないことになる――「私」の感覚は「他者の判断を先回りして予測した結果」なのだから。三橋も佐倉もトランスジェンダーの「性別の自己決定権」を主張し強調してきた研究者であるのだから、これは理論的な皮肉である――真理の場所が「私」から「他者」へと移譲されてしまうのだ。

“Not like this, not like this” と、スウィッチの絞り出すような声がそこかしこから聞こえてくるようだ……。「LGBT」という言葉が広く認知されるようになったこの社会的世界のなかで、しかし、私たちは本当に自分たちを語る言葉を手にしたのだろうか。私たちはいかにして、トランスにとっての真理を語ることができるのだろうか。生物学的な本質によるのでも、心という不確かな実体によるのでもなく、社会という〈他者〉に還元してしまうのでもない、そのような語りは可能か。本書は、（おそらくは私自身もその一人である）無数のスウィッチたちの “Not like this, not like this” への応答の試みである。

そのような試みを行うためには、これまでの既存の諸図式から「身体」を救い出す必要があるように思われる。病理学的あるいはデカルト的図式では、身体は単なる物質に還元され、三橋や佐倉の論に認められた構築主義的図式においては、身体はただ社会的言説が書き込まれることを待つ白紙のキャンバスか、他者からの性別認知を得るための道具的モノである。それらにおいて抹消され見失われているのは、〈私の身体〉、すなわち、私が生きるものとしてのこの身体、である。『マトリックス』がそうだったように、これらの既存の図式においては身体は単なる物質的対象に還元され、〈私〉から切り離されてしまう。

ここで重要だと思われるのがメルロ＝ポンティの哲学である。彼の『知覚の現象学』に倣えば、デカルト的な存在の文法において、「存在」は「物として存在する」か「意識として存在する」かのいずれかのみとなってしまい（メルロ＝ポンティ　一九七五：三二四）、それゆえ〈私の身体〉は存在の資格を奪われてしまう。〈私〉は意識的存在に還元され、〈身体〉はテーブルの上にあるコップのような「物としての存在」に対象化されることで、いわば、〈私の身体〉は「バラバラに寸断されて」しまう。その文法においては、〈私の身体〉の居場所はないのだ。この〈私の身体〉の居場所を理論化しようとしたのがメルロ＝ポンティの哲学だと言えるだろう。

身体はたしかに一方では物質的対象として存在する。それはテーブルの上のコップのように、ある場所を占めるという形で対象的に存在する。医者の眼差しが捉える手術台の上に横たわる患者の身体はまさに分解可能な物質的対象としてある。しかし、〈私の身体〉はテーブルの上にあるコップと決して同じではない。テーブルの上にあるコップはあったりなかったりするが、〈私の身体〉はつねに「私とともに在る」（メルロ＝ポンティ　一九七五：一六一）のであり、決して対象物のようにあったりなくなったりはしない。「対象の現前とは、対象が現前しなくなることもあり得るということなしにはおこなわれないような具合にできている」のに対して「自己の身体の永続性の方は、これとはまったく異なる性質のもの」（メルロ＝ポンティ　一九七五：一六〇－一六一）であり、「自己の身体が私のもとに永続的に在ること、身体の展望が不変であることは、事実必然性といったものではない。なぜなら、むしろ事実必然性の方がそれらのことを前提としてしまっているのだから」（メルロ＝ポンティ　一九七五：一六二）。言い換えれば、この〈私の身体〉は「それが永続的であるとしても、その永続性は、あったりなかったりする諸対象の、つまり真の諸対象の相対的な永続性」ではなく、むしろ、そのような「諸対象の相対的な永続性」に対して「地の役をするような絶対的な永続性」なのである（メルロ＝ポンティ　一九七五：一六三）。したがって、身体はたしかにあるパースペクティブから対象的に見られるものであるが、それはまた同時に、〈私〉というパースペクティブを与えるものでもある。私は〈私の身体〉を通して、世界を生き、経験し、認識することができる。身体とは「世界をもつためのわれわれの一般的な手段」（メルロ＝ポンティ　一九七五：二四五）であり、「世界のなかへのわれわれの投錨のことなのである」（メルロ＝ポンティ　一九七五：二四二）。あるいは『眼と精神』における彼の表現を借りれば、「世界は、ほかならぬ身体という生地で仕立てられている」（メルロ＝ポンティ　一九八六：二五九）のだ。この意味で、〈私の身体〉は「私」と「世界」を可能にするものなのであり、「私とは私の身体である」（メルロ＝ポンティ　一九七五：三二五）。

〈私の身体〉(あるいは「固有身体」)を理論化する上でメルロ＝ポンティが『知覚の現象学』で導入し強調しているのが「身体イメージ」(あるいは「身体図式」)の概念である。本書で私が提案しようと試みる理論的オルタナティヴとは、この「身体イメージ」の観点からトランスジェンダーの経験を記述し直すことである。私たちは一般に想像や幻想(fantasy)を現実よりも下位のものとみなしがちであるが、しかし、メルロ＝ポンティが示しているのは身体イメージでである以上は「想像的なもの」である。ジュディス・バトラーもまた、幻想を現実の反対物や下位のものとする見方に反対し、「主体を可能にするもの」と主張している。言い換えれば、物質的身体よりも身体イメージの方にこそ、その主体にとっての「真理」があるのだ。

トランスの経験を考察する上で、この「身体イメージ」の概念はきわめて有益なものであるように思われる。この観点から考えるならば、性別違和とは、「心」と「体」のあいだではなく、「身体イメージ」と「物質的身体」のあいだに生じると言えるのではないだろうか(ところで、この「物質的身体」とここで呼んでいるものも、私たちは後に、身体イメージの議論の下で問い直すことになるだろう)。この「身体イメージ」をジェイ・プロッサーに倣って「肉体的記憶(somatic memory)」と呼んでもいいだろう。例えば、トランス男性である岩村匠は次のように述べている。「できるだけ早く、胸を取り去りたいと思っている。僕にとって手術は体を変えるのではなく、本来の体を取り戻すことなんだ。僕には男としての体の記憶がある。どうしてだかわからないけれど、確実にあるんだから仕方ない。筋肉も髭もペニスも睾丸も記憶のなかにある。だから、失われた体を取り戻したい」（岩村 二〇〇三：一四六）。この「記憶」は決して「妄想」ではない。それはまた、「男／女」という抽象的なカテゴリーに還元できるものでもない。その「記憶」は、「筋肉」や「髭」、「ペニス」、「睾丸」といった具体性を伴った、その人自身によってリアルに生きられた身体性である。メルロ＝ポンティの理論が重要なのは、このような身体性こそを「真理の場所」として考える糸口を提示しているように思われるからである。

トランスにとっての「真理の場所」――それは、モノとしての身体でも、心でもなく、社会という〈他者〉でもなく、身体イメージ、すなわち、私にとって感じられる身体にあるのではないだろうか。本書で私が試みるのは、このような「感じられた身体」の観点から「身体」を問い直すことである。

トランスジェンダーの性別は、性別適合手術において医者の診断が必要であるという意味において医療に、戸籍上の性別を変更するためには国家の承認が必要であるという意味において国家に、その「判断（judgement）」は委ねられている。トランスの性別（ないし性別違和の）「正当性」は〈他者〉の「判断＝判決《ジャッジメント》」に委ねられているのだ。近年、とりわけX（旧Twitter）上で強まっている「トランス排除」に関しても、そこではあたかも、「正当なトランスジェンダー」と「排除されるべきトランスジェンダー」を決める決定権を彼／女らがもっているかのような議論が展開されている。

いわば、トランスの性別ないし性別違和が「真理」であるかどうかは〈他者〉が握っているのである。これに対して本書の基盤となっている主張は、きわめてシンプルなものだ――すなわち、あなたが感じるものこそ、真理である。それは、トランスフォーブの言う「セルフID論」[*7]では決してない。私のこの感じは決して「私が自由に選択するもの」ではない。それは語の厳密な意味で、否応なく感じられるものである。〈他者〉の威圧的な眼差しのなかで、あなたは「自分の感じ方がおかしいのだ」と考えてしまうかもしれない。あるいは、あのトランスの人と自分とを照らし合わせ「トランスはこうあるべき」と考えて、自分の感じ方を裏切り、犠牲にしようとしているかもしれない。だが、真理はあなたのなかに存在する。私たちは自分を曲げなくていい。

＊7　トランスフォーブが「セルフID」と呼んで非難し、そこで彼／女らが想定しているものは「自称すれば誰でも性別を変えることができる」という論のことであり、「そのような論を認めれば性犯罪目的の男性が易々と「女性」になることを可能にしてしまうのではないか」という不安を語り、煽るためにしばしば用いられているものである。このようなトランスフォーブの議論がきわめて有害なのは、トランスのジェンダー・アイデンティティが単なる「自称の問題」に還元されるからである。この人たちはトランスのアイデンティティをいわば「言ったもん勝ち」の思想とみなし、それによって、トランスのアイデンティティをシスジェンダーのそれよりも格下げし、二流市民扱いしているのである。このような「セルフID論」に対しては、本書でなされる議論そのものが批判的な応答になっていると思われるが、ここで一言述べておくべきならば次のように述べておこう――人を馬鹿にするのもいい加減にしろ。

＊＊＊

本書はトランスの身体経験を考察し、引いては「身体とは何か」という問いを再考するものであり、そのために、身体イメージという概念を導入するものである。第一章から第三章の議論はまさに、この身体イメージという概念からトランスの身体経験を考察するものである。第一章「感じられた身体——トランスジェンダーと『知覚の現象学』」では、トランスジェンダーの身体経験を考察するために、メルロ＝ポンティの身体イメージ論を幻影肢の議論を中心に導入する。その際、トランスに対する既存の病理学的な認識枠組みを批判し、そのオルタナティブとしてメルロ＝ポンティの議論を援用する。第二章「身体を書き直す——トランスジェンダー理論としての『ジェンダー・トラブル』」では、バトラーの『ジェンダー・トラブル』を「トランスジェンダー理論」として改めて読み直す作業を行う。そこでも、私の焦点は身体イメージにある。いわば、身体イメージ論としてバトラーの『ジェンダー・トラブル』を読み直すことが本章の目的になる。バトラーの『ジェンダー・トラブル』が「身体」とは「言説的構築物」であるという（誤った）解釈を生んでしまったとしたら、そして、そのような解釈がトランスフォビックな議論を呼んでしまいがちであったとすれば、そうではない解釈の可能性や方向性を打ち出すことが重要であるように思えた。また、それによって、身体イメージとは何であるのか、それは社会的に構築されるのか、それとも構築以前に存在する実体なのか、身体イメージの本性をめぐってより複雑に議論を展開することになる。第三章「たったひとつの、私のものではない、私の身体」はこれまでの議論を受けて、「私の身体」とは一体何なのかという問いを考察する。身体とは果たして、「私」の所有物なのだろうか。あるいは、それが社会的に構築されるなら、それは〈他者〉のものなのか。あるいはさらに、「私の身体は私のもの」と言うこと――そう主張せざるをえないこと――は何を意味しているのか。これらの問いを、身体イメージの観点から応える形で考察する。

第一章から第三章までが「私にとっての私の身体」という「固有身体」の議論に重きを置くものであったとすれば、第四章と第五章では、むしろ、トランスの身体に向けられる〈他者〉からの眼差しや認識を主題としている。第四章「パスの現象学――トランスジェンダーとサルトルの眼差し」では、サルトルの眼差し論を下敷きに、トランスにとっての「眼差し」の経験を考察している。他者から見られ、ジャッジされることや、自分の身体をチェックする行為において、「眼差し」とはどのようなものとして経験されるのか。そして、その「眼差し」の議論から、改めて、「物質的な事実」と考えられている「性別（sex）」とは何であるかを考察するのが本章である。第五章「ポストフェミニズムとしてのトランス？」では、二〇二〇年三月に掲載された千田有紀の論考「「女」の境界線を引きなおす」を事例に、現在活発化しているトランスフォビアの認識論的構造を明らかにすることを試みる。その試みは本書全体の構成に照らせば、いわば、トランスの人たちが現在の社会的言説のレベルにおいてどのように「眼差されて」いるかを考察するものである。第四章と第五章はしたがって、トランスの人たちがどのような「眼差し」に囲まれているかを論じるものである。

第六章と第七章の議論は、トランスの実存やアイデンティティをジャッジの対象とするのとは異なる倫理的な様態に焦点を当てている。第六章「語りを掘り起こす——トランスの「物質性」とその抹消」では、トランスジェンダーの「物質性」について、それがいかに「抹消」されてきたかを考察するとともに、日本における一九九〇年代と二〇〇〇年代のトランス当事者の語りからそのような「抹消」に抗する語りを拾い上げる試みである。それらの語りは決して古びてなどおらず、むしろ、現在においてもなお重要なものであることを示唆したい。第七章「トランス・アイデンティティーズ、あるいは「名のなかにあるもの」について」では、トランスのアイデンティティがトランス排除的言説をはじめ「ジャッジメント」の対象になっている現状に対して、そのアイデンティティに対してどのような倫理的な構えが要請されているのかを考察する。

以上の考察はもちろんトランスの身体経験についてそのリアリティに理論的に可能な限り接近しようとする（不可能な）試みであるが、その考察はまた当然、「身体とは何か」というより一般的な問題に再考を迫るものである。最終章はそのタイトルに示しているように、「私たちは自分の身体を愛することができるか？」という問いから「身体とは何か」という問題に応答するものであると言える。私たちは自分の身体を「選ぶ」ことはできず、この身体でしかありえないが、しかし、それにもかかわらず自分の身体への愛は自然発生したりはしない。身体への「愛」の問題は、身体が物質的所与であるにもかかわらず物質的所与には還元できないという極めて「不自然な」真実を告げている。この問いはおそらくトランスの人たちにとって自らの実存に切迫した形で生きられている問いであるが、最後にこの問いと向き合うことで本書を閉じることにしたい。

第一章　感じられた身体——トランスジェンダーと『知覚の現象学』

たとえばわれわれが、いかにして対象の位置を〈見る〉のかを理解しようと思うばあい、採りうる唯一の途は、〈自分の身体の諸部分がどこにあるのかを知っており、さらに、四肢の及ぶ範囲内にある空間のあらゆる点に「注意を移し」うるような心〉を想定することであろう。しかし、これはまだ、そこで実際に起こっていることの一つの「モデル」と言った程度のものにすぎない。というのは、そのやり方では、心によって物の所まで拡大されるはずのこの身体空間、つまり一切の〈そこ〉の源になるこの最初の〈ここ〉を、心がいかにして知るのかはわからないからである。この最初の〈ここ〉は、あらゆる〈そこ〉と同じような、延長の任意の一様態や一見本ではなく、それは心が「私のもの」と呼ぶ身体の位置であり、心が住みついている場所なのだ。心が生気を与えているこの身体は、心にとって他の対象と並ぶ一つの対象ではなく、また心は身体から、そこに含蓄されている前提という形で、爾余の一切の空間を抽き出すわけでもない。心は身体に即して考えるのであって、おのれに即してではないのである。〔…〕心にとって身体はその生まれ故郷の空間であり、存在する他の一切の空間の母胎である。

——モーリス・メルロ＝ポンティ*1

はじめに

トランスジェンダーとは、出生時に割り当てられた性別に違和感をもち、それとは異なるジェンダーを生きることを望む人々のことを指す言葉である。日本では「性同一性障害者」という呼称で広く知られているが、「性同一性障害」は「診断名」であり、すべてのトランスジェンダーがこのような「病名」を受け入れているわけではない。この「性同一性障害」という呼称は“Gender Identity Disorder”の翻訳であり、現在のＤＳＭ（『精神疾患の診断・統計マニュアル』）ではもはやこの呼称は用いられておらず、代わりに「障害」という語はなくなり、「性別違和（Gender Dysphoria）」という言葉に取って代わられた。しかし、この「性同一性障害」という呼称から分かるのは、トランスジェンダーの存在がまず歴史的に「病理学化」され、「異常視」されてきたということであり、さらにつけ加えれば、トランスジェンダーは「精神疾患」のカテゴリーに数え入れられていた／いるということである。[*2]

本書で私がまず行いたいのは、このような病理学的な分析枠組みを批判的に問い直すことであり、

＊1　メルロ＝ポンティ　一九八六：二七八－二七九。

さらには、オルタナティブな非病理学的な分析枠組みを提示することである。その上で私は、「ジェンダー・アイデンティティ」や「心の性」といった概念を批判的に検討することになる。より正確に言えば、このような概念が用いられる背景にある「真理の体制」を問いに付したいのだ。そして、「ジェンダー・アイデンティティ」や「心の性」という概念に代わって提示したいのが「身体イメージ」の概念である。このような観点から、本章ではメルロ＝ポンティの『知覚の現象学』に着目することになる。そして、その哲学の重要性、それがいかにトランスジェンダー研究に資するかを示すことになるだろう。

トランスジェンダーに程度の差はあれある程度共通している経験は、「間違った身体」を生きているという感覚である。そのような感覚がいつ頃形成されるのかは人によって様々だが、多くの場合、制服や第二次性徴のような、突然一方のジェンダーに割り振られる経験に直面して強く意識化されることが多い。ヘンリー・ルービンは『セルフメイド・メン――トランスセクシュアル男性におけるアイデンティティと身体性』で、二十二人のＦＴＭトランスセクシュアルのインタビュー調査から、彼らが「自分の身体が自分を裏切った」と説明していることを指摘し、「彼らの身体が第二次性徴を被ると、彼らはもはや他者から（ときに自分自身から）男の子や男性として認識されることができなくなった」という経験が「自分の身体に対する強烈な不快感」を生み出したと述べている（Rubin 2003: 10-11）。トランスジェンダーの遠藤まめたも、制服のスカートを「天敵」と表現し、「スカート姿の自分を見ると、目にレーザー光線が当てられたみたいに痛かった」（遠藤 二〇一八：六八）と述べている。これらの経験はいずれも、「自分が思い描いている身体」と「実際の物理的な身体」とが食い違う経験であると言えるだろう。

このような点に関して、ジェイ・プロッサーは『第二の皮膚』のなかで次のように述べている。

私の主張は、トランスセクシュアルが間違った身体性というイメージを展開し続けるのは、間違った身体に捕らわれているということがまさにトランスセクシュアリティがそのように感じるものだからである、というものである。もしトランスセクシュアルの性別移行のゴールがジェンダー化された身体性の感じを物質的な身体と合わせることであるなら、身体イメージ——私たちはそれを想像的なものと同列に並べるよう誘惑されるかもしれない——は明らかにすでにトラン

＊2　現在のＤＳＭでは、「性同一性障害」という用語は消え、よりニュートラルな「性別違和」という呼称が用いられている。これはトランスジェンダーの存在を「脱病理学化」する流れのなかにある変化であるが、ＤＳＭ（『精神疾患の診断・統計マニュアル』）のなかに記載されている以上はいまだ「精神疾患」として考えられていることに変わりはない。だが、ＷＨＯが今年六月に発表したＩＣＤ（国際疾病分類）では、ついに「性同一性障害」（ＩＣＤの前の版ではこの用語が用いられていた）は「精神疾患」のカテゴリーから外され、「性の健康に関連する状態（Conditions related to sexual health）」のカテゴリーに数え入れられることとなり、名称も「ジェンダー不一致（Gender Incongruence）」に変更された。このことは「トランスジェンダーの脱病理学化」の主張と「保険治療のアクセス権」の主張とを同時に行うことができる顕著な例であり、そのような試みの具体的な成果である。

スセクシュアルにとって物質的な力をもっているのである。間違った身体に捕らわれているというイメージはこの力を運ぶのだ。それは、まず、いかに身体イメージが物質的な身体と根本的に分裂しているかを示しており、いかに身体イメージがトランスセクシュアルに彼あるいは彼女の身体を身体イメージに一致するように変えるよう促すものとして十分に実体的なものと感じられうるか、を示している。[*3]（Prosser 1998: 69）

トランスジェンダーのこの「間違った身体に捕らわれている」という経験に関して、通常では、「体の性と心の性の不一致」という説明が与えられるが、ここでプロッサーが提示している説明はそれとはやや異なるものである。プロッサーがここで提示しているのは、「心の性」や「ジェンダー・アイデンティティ」ではなく、「身体イメージ」である。彼に従えば、この「間違った身体」という感覚は、「体の性」と「心の性」の不一致というよりは、「物質的な身体」と「身体イメージ」とのあいだの不一致によって生じているのである。そして、この「身体イメージ」は、そのイメージに「物質的身体」を近づけようとする「物質的な力」をもつ、とプロッサーは指摘している。

以下で私が行いたいのは、この「身体イメージ」の観点からトランスジェンダーの「性別違和」という身体経験を考察することである。その上で、吉永みち子『性同一性障害――性転換の朝《あした》』で紹介されている森田真一の次の語りを手がかりとしたい。

体毛とか男性的な特徴はなくなってほしいとは感じます。いかにも男らしい部分には生理的な嫌悪感を覚えます。女性の身体が欲しいとは思わないんですが、よく夢を見るんです。自分の胸に乳房がついている夢なんです。それも欲しいというのではなく、あるはずだという感じです。ペニスもなくしてしまいたいとは思いませんが、膣があるはずだという確信に近いものがあるんです。性的に興奮した時など、ペニスがあるのに、膣が濡れた感触を確かに感じるんです。事故で手足を失った人が、すでにないのにあたかも手足がそこにあるような痛みを感じるっていいますよね。僕は経験はないんですが、そんな感じなのかなと想像することがあります。（吉永　二〇一二：一六二―一六三）

森田は「自分は何者なのかと模索する中で、ゲイやレズビアン、あるいはトランスセクシュアル、トランスジェンダーなどのコミュニティーに身をおいてみても、どこにもしっくりこないという人が実はけっこういるんです。僕もそうなんです」（吉永　二〇一二：一五九）と述べ、自身も含めたそのような人たちの存在を「Xジェンダー」と命名している。[*4] 森田自身は「男性的な特徴が現れ

＊3　このプロッサーの一節に関しては次章で再び取り上げる。そこでは、プロッサーの議論が孕む問題点を考察することになるだろう。

てくるのは、イヤだったが、かといって女性になりたいとも思わない」（吉永　二〇一二：一六二）という状態を生きているという。その森田が語るところによれば、物理的には存在しないはずの「乳房」や「膣」の存在が生き生きと経験されている。このような「乳房」や「膣」の存在が「身体イメージ」という概念で私たちが捉えようとしているものに当たるとひとまず言っておこう。とはいえ、このことはトランスジェンダーの人たちがみな一様な仕方で「身体イメージ」をもっていることを意味しないし、むしろ、「身体イメージ」は多様な仕方で生きられるものである。いずれにせよ、森田に認められるような「感じられた身体」の経験をどのように読み解けばいいのかを以下で考察していきたい。

1　「妄想」の枠組み

森田に認められるようなトランスジェンダーの経験をどのように捉えるべきかという問いに進む前に、このような経験は歴史上どのように捉えられてきたかという問いを考察しておかなければならない。はじめに述べたように、トランスジェンダーの経験は二十世紀においてまず「精神疾患」として扱われてきた。そこで、このような既存の病理学的図式をまず批判的に検討する必要がある。

ここであえて、「性同一性障害」という呼称が消える前のＤＳＭ－Ⅳの「性同一性障害」の項目を紐解いてみよう。そこでは、「性同一性障害」をもつ人は、「反対の性に対する強く持続的な同一感」と「自分の性に対する持続的な不快感、またはその性の役割についての不適切感」をもっと説明されている（米国精神医学会　二〇〇四：五五一）。それに対して現在のＤＳＭ－Ｖでは「反対の性への帰属意識」という記述はなくなっている。これは、トランスジェンダーの人すべてが必ずしも「反対の性」になりたいと考えるわけではないということ（まさに森田がそうだった）を配慮してのことである。だが、ＤＳＭ－Ⅳの記述から分かるのは、トランスジェンダーは身体的性とは反対の性になりたい人だ、と歴史的にみなされてきたという点である。

　ここで考察したいのは、トランスジェンダーの経験はなぜ「疾患」に数えられたのかということである。より正確に言えば、ここで私がとりわけ関心があるのは、トランスの経験はなぜ、とりもなおさず「精神疾患」とみなされてきた／いるのかという点である。この点に関して、ゲイル・サラモンは次のように述べている。

＊4　ＳＰＦデールによれば、「「Ｘ－ジェンダー」という言葉が初めて一般読者向けの出版物に登場した」のがこの吉永による森田の記述である（ＳＰＦデール　二〇一六：六〇）。最近では、Ｘジェンダーに関する書籍『Ｘジェンダーって何？　日本における多様な性のあり方』も出版され、Ｘジェンダーという用語は森田の時代よりも広く人口に膾炙していると言えるだろう。同書ではＸジェンダーは「性自認を表す言葉の一種で、出生時に割り当てられた男性もしくは女性の性別のいずれかに二分された性の自覚を持たず、自己の性別に関し、男女どちらでもない、あるいは男女どちらでもある、さらにはそれすらもどちらでもないといった認識を自己の性に対してもっている人々のことを指す日本独自の呼称」（Label X　二〇一六：三）と定義されている。

トランスセクシュアリティが誤って病理として解釈されるとき、それは大抵、自分が属していない性別の性器をもつと空想する精神的な混乱として特徴づけられる。トランスセクシュアリティが神経症というよりも統合失調症として特徴づけられるのはこのような幻想にもとづいており、それによって自分自身の身体の誤認は現実からの逃避を示すものとして解釈される。この論理が示しているように、身体の物質性は現実の裁決者である。(Salamon 2010: 55、サラモン 二〇一九:八九-九〇)

したがって、トランスジェンダーを精神疾患とみなす背景には次のような推論が認められることになるだろう。すなわち、「自明で客観的な物質的身体がまずもって存在し、それに対してジェンダー・アイデンティティ(ないし「心の性」)が「身体とは反対の性別」になっており、食い違っている」という描写である。そうなると、この図式においては、トランスジェンダーの性別違和は「身体」ではなく「心」の問題として考えられることになる。一言で言えば、「性別違和」は(統合失調症を特徴づける)「妄想」の一種とみなされるのだ。そのため、森田の「膣」や「乳房」の経験はこの病理学的図式の内部では単なる「妄想」や「精神的な混乱」として解釈されることになるだろう。

哲学の立場から言えば、このような精神医学の見方はいわゆる「心身二元論」の立場に立った見方である。つまり、そこでは「心」と「身体」は別々の実体として峻別されている。さらには、この病理学的図式のなかで「真理」や「客観」を握っているのは「身体」であり、「物質的身体」であるとされている。「身体こそが真理である」、「物質的身体が間違うはずはない」、「物質的身体はあまりにも自明である」――このような物質的身体という「真理」こそが、トランスジェンダーの「性別違和」を「精神的な混乱」として解釈させることになるのだ。逆に言えば、トランスジェンダーの性別違和を「心の問題」とみなすことは物質的身体の自明性を担保にすることによってはじめて可能になっているのである。サラモンが述べていたように、この図式において「身体の物質性は現実の裁決者」なのである。

したがって、トランスジェンダーの「性別違和」の経験を「精神的な混乱」というカテゴリーに当てはめる前提には次のような推論が働いている。それは、「物質的な身体」こそが「現実」、あるいは「現実」の「保証人」や「裁決者」であり、したがって、それから逸脱する身体イメージは「非現実」であり「妄想」である、という仮定である。物質的に存在する身体は誰の目にも明らかな「真理」であるのだから、それから逸脱する身体イメージは「非現実」な「妄想」であり、したがってそれは「心の問題」だ、というわけである。それゆえ、トランスジェンダーの経験を病理学的な図式とは異なる仕方で記述する可能性を探るためには、このような「物質的身体＝現実／身体イメージ＝非現実」という支配的な等式を批判的に検討する必要がある。

そのような試みの手がかりはすでに、先に引いた森田の語りのなかにある。森田は、物理的には存在しないが「あるはずだと確信している」自らの乳房や膣の存在を「幻影肢」に喩えていた（「事故で手足を失った人が、すでにないのにあたかも手足がそこにあるような痛みを感じるっていいますよね。僕は経験はないんですが、そんな感じなのかなと想像することがあります」）。そして、幻影肢について、哲学的かつ非病理学的に考察した哲学者がいる。モーリス・メルロ＝ポンティである。彼が『知覚の現象学』で与えた「幻影肢」の記述は、トランスジェンダーの「性別違和」を非病理学的に記述しようとする私たちの試みに有用な視角を提示している。そこで、彼の「幻影肢」に関する記述をまずは確認してみよう。

2　身体イメージ

幻影肢とは、事故や戦争等で腕や足を失ったにもかかわらず、その「失われた」腕や足の存在を感じる現象である。例えば、「戦傷者がその腕の幻影肢のなかに、かつて彼の現実の腕をひき裂いた砲弾の破片をいまなお感じている」（メルロ＝ポンティ　一九七五：一三九）といった現象である。この幻影肢という現象は、生理学と心理学のいずれか一方では十分に説明できない現象である。それは一方では「脳に通じている感受的伝導路を切断すれば幻影肢が消失する」（メルロ＝ポンティ　一九七五：一三九）という意味で生理学的な構造に属するものであるが、他方「負傷時の情動や情勢を思い出させる情動と情勢があらわれたときに〔…〕幻影肢があらわれる」（メルロ＝ポンティ　一九七五：一三九）という点で心理学的な構造に属するものでもある。幻影肢は、生理学的条件、心理学的条件のいずれか一方のみではうまく説明できない現象である。そして、こうした「二系列の事実に共通した地盤」（メルロ＝ポンティ　一九七五：一四〇）を明らかにしようとするのがメルロ＝ポンティの試みであり、「身体イメージ」や「身体図式」といった概念がそこでは用いられることになる。

メルロ＝ポンティによれば、「腕の幻影肢をもつとは、その腕だけに可能な一切の諸行動に今までどおり開かれてあろうとすることであり、切断以前にもっていた実践的領野をいまもなお保持しようとすることだ」（メルロ＝ポンティ　一九七五：一四七）。それを、彼は「欠損の拒否」とも呼んでいる。腕や足が「欠損」した事実を「拒否」して、「切断以前にもっていた実践的領野をいまなお保持しようとすること」が幻影肢の特徴である。だが、そのとき保持されるものとは一体何なのか。それはメルロ＝ポンティに倣っていえば、「習慣的身体」であり、「身体図式」であり、要するに「身体イメージ」である。

このような幻影肢という現象を説明するために、メルロ＝ポンティはまず、「習慣的身体」と「現勢的身体」という一組の概念を導入して、以下のように述べている。「習慣的身体」とはさしあたり「身体イメージ」や「身体図式」のことであり、「現勢的身体」とは「実際の物理的身体」という程度の意味だと解していいだろう。

第二の層〔現勢的身体：引用者注〕からはすでに消失してしまっている手の所作が、第一の層

〔習慣的身体：引用者注〕ではまだ姿を見せていることもあり、かくして、どうして私がもう自分のもっていない手をまだもっていると感ずることができるかの問題は、実際には、どうして習慣的身体が現勢的身体の保証人として働くことができるかの問題に帰するのである。（メルロ＝ポンティ　一九七五：一四八－一四九）

メルロ＝ポンティに従えば、幻影肢とは「現勢的身体」が失われたのに「習慣的身体」がいまだ働いている状態のことである。言い換えれば、幻影肢とは、物質的な身体部位が失われたのに、その身体部位のイメージが残っている状態であると言える。幻影肢は、このような「習慣的身体」ないし「身体イメージ」という位相を鋭く示す例なのである。

ここでこのメルロ＝ポンティの記述がきわめて興味深いのは、私たちが先にみた精神病理学の図式とはちょうど反対の記述になっているという点である。精神病理学の図式では物質的身体こそが「真理」であり、「現実の保証人」であったのに対して、メルロ＝ポンティの記述では、身体イメージの方が「現実の保証人」なのである。身体イメージこそが物質的身体を組織化し、下支えする機能をもっているのだ。そしてメルロ＝ポンティにとって、このことはなにも「特殊なケース」に限ったことではなく、（シスジェンダーや健常者も含めて）私たち人間が身体を生きる一般的な仕方を指している。例えば、私が腕を掻くとき、その痒みを覚えた場所をいちいち調べ上げ、その上でその箇所へと手を運ぶのではない。私はわざわざ意識するまでもなく、一挙にその場所へと手を伸ばすのである。メルロ＝ポンティも言うように、「掻く能力としての手と掻くべき箇所としての刺された箇所とのあいだには、自己の身体の自然的体系のなかで一つの生きられた関係があたえられている」（メルロ＝ポンティ　一九七五：一八四）。身体には「一つの生きられた関係」が与えられているのであり、言い換えれば、私たちは身体イメージを媒介することによって身体とはじめて関係を切り結ぶのである。したがって、メルロ＝ポンティに従えば、身体イメージとは「非現実的」な「妄想」ではない。むしろ、それなくしては、私たちは身体を生きることとさえできないのである。

ゲイル・サラモンが述べているように、現象学、とりわけメルロ＝ポンティのそれは、「主体性を理解する上で身体が決定的である」（Salamon 2010: 44、サラモン　二〇一九：七〇）と主張する哲学であり、そこでは「私自身の身体性――身体の形状、あるいは振る舞い――の現象学的様態はそれ自身、真理を構成するものとして解される」（Salamon 2010: 55、サラモン　二〇一九：九〇）。現象学は、私が自身の身体に対してもつそのイメージや感じを、「妄想」としてではなく、「生きられた現実」として考察することを可能にするのである。そして、現象学を通して明らかになるのは、「感じられた身体」は「物質的身体」によって決定されているわけではなく、むしろ、「物質的な身体」の方がこの「感じられた身体」を介して生きられるということだ。したがって、サラモンが述べているように、「なにかを現実として構成するのはその物質性ではなく、むしろ、可能性の地平であって、それが所与の人に表象するあらゆる様々な経験への開かれである」（Salamon 2010: 91、サラモン　二〇一九：一四七）。

私たちがみてきたように、病理学的図式において、トランスジェンダーの「身体イメージ」は「非現実的」な「妄想」や「精神的な混乱」として解釈されてしまうのだった。しかし、メルロ＝ポンティをはじめとした現象学の理論を通して、私たちはその人自身にとって生きられる「身体イメージ」をまさしく「生きられた現実」や「真理」として考察することができるだろう。いまや私たちはようやく、最初の方で触れたプロッサーや森田の語りに立ち戻ることができる。

3　感じられた身体

興味深いことに、プロッサーも「性別違和」の経験と「幻影肢」の現象の類似性を指摘している（Prosser, 1998: 83-85）。たしかに幻影肢の場合には、もともと存在した身体部位が失われることによって生じるのであり、この点で、トランスジェンダーの性別違和の経験とは異なっている。しかし、プロッサーが指摘しているのは、ある種の「肉体的記憶（somatic memory）」が先立って存在しているという点で両者の経験には共通性があるということである。「トランスセクシュアルが整形された肉体的物質を彼あるいは彼女の新たな性器として我が物にするためには、感じられた想像的な次元において、〔手術に：引用者注〕先立つ性器の幻影化がすでに存在していなければならないのだ」（Prosser 1998: 85）。プロッサーはまた、義足と性別適合手術のアナロジーも行っている（Prosser 1998: 85）。義足がうまくその人の身体に組み込まれるためには、その失われた足の「身体イメージ」

ないし「肉体的記憶」が活用されなければならないが、プロッサーは同じことを性別適合手術にも指摘している。胸にしろ、性器にしろ、その他の身体部位にしろ、その部位の「肉体的記憶」の存在によって自己の身体により有機的に統合されるのである。プロッサーはここで明示的に現象学を参照しているわけではないが、このような記述はトランスジェンダーの性別違和や身体経験を理解する上でメルロ＝ポンティをはじめとした現象学の知見が有用であることを示しているだろう。

プロッサーはトランスジェンダーの「間違った身体」という経験を「ジェンダー・アイデンティティ」という用語ではなく、「身体イメージ」という言葉を用いて記述していた。それは、前者の用語を用いれば、必然的にそのイメージは「精神的な混乱」の範疇へと招き入れられてしまうからだと言えるだろう。むしろ、トランスジェンダーの主観的な経験に即して言えば、物質的な身体こそが「間違ったもの」として感得されている。メルロ＝ポンティに倣えば、身体イメージこそが「現実の保証人」として物質的な身体を組織化するものであるからこそ、そのイメージと食い違う物質的身体が「間違ったもの」として感じられるのだ。だからこそ、プロッサーが言うように、身体イメージは「物質的な力」をもつのであり、それはときに実際の身体的な性別移行を促すのである。[*5]

そしてつけ加えれば、トランスジェンダーの身体改造の程度が人によって異なるのはまさにその身体イメージが個人によってまちまちであり、諸々の差異を孕んでいるからだといえるだろう。性別違和は人によって、性器形成の手術を促すか、それとも乳房の除去に留まるか、あるいはホルモン治療で十分なのかは異なる。この「程度の差異」は、「ジェンダー・アイデンティティ」や

「心の性」といった概念では十分に捉えることができない。その概念では「男女」という二元論的な「質的差異」しか可視化できず、このような微細な差異を捉えることができない。それどころか、このような二元論的差異はときに、例えば性器の手術を行っておらずホルモン治療のみを行っているようなトランスを「まだ本物の男／女になりきれていない者」として周縁化する裁決の働きをもたらしてしまう危険がある。むしろ、性別違和とはゲイル・サラモンが述べているように、「質的差異」ではなく「程度の差異」であり、スペクトラム上の差異なのだ。サラモンはゲイル・ルービンの論文の読解を通して、このようなスペクトラム上の性別違和を「違和連続体（dysphoric continuum）」と呼んでいる。

実際、森田のケースにおいては、「膣」や「乳房」の存在を感じながら、しかし実際の手術には踏み切らないし、その必要性を感じていない。だが、この「膣」や「乳房」の存在に認められる、森田自身が自らに感じとる「感じられた身体」は、「男らしい特徴への嫌悪感」を生み出す。それは、「感じられた身体」という身体イメージが「物質的な力」をもち、「現実」の「物質的身体」を「間違ったもの」として経験させ、違和を引き起こすからである。メルロ＝ポンティが述べていたように、彼が「習慣的身体」や「身体イメージ」と呼ぶもの――すなわち「感じられた身体」――こそがむしろ「現実の保証人」として働いているからこそ、このような事態が生じるのだ。

このように、トランスジェンダーの身体経験とメルロ＝ポンティの哲学を通して浮き彫りになったのは、身体とは単なる「物質的な身体」ではないこと、そして、トランスジェンダーの経験を精神疾患とみなす解釈の背景には「物質的な身体」を「客観的な真理」とみなす「真理の体制」が存在する、ということである。そして、ジェンダーとの関係でとりわけ「物質的な身体」とみなされているのがセックスであり、とりわけ性器だろう。性器は一般に、あたかも性差を決定する本質的な真理であるかのように考えられている。だが実際のところ、私たちは道ですれ違う人の性別《セックス》をいちいち性器によって判別しているわけではない。サラモンが次のように述べているように、むしろ、身体の他の特徴によって他者の性別を判断する方が通常よくあることだろう。

身体の物質性は〔…〕単なる性器以上のものによって取り巻かれている。性器はジェンダーの決定にそれほど結びついているわけではなく、むしろ、同様に物質的だが、より可視的な身体の他の側面の方がずっとジェンダーの決定に関連しているのだ。ジェンダーを決定する上で、髪型や歩き方、服装や声の高さ、さらには身体の形や大きさなどが決定的なのであって、性器はほと

＊5 とはいえ、プロッサーの理論には問題が残る。というのは、彼はトランスセクシュアルの「身体イメージ」や「身体自我」をあまりにも「実体的なもの」として捉える傾向があるからであり、したがってタリア・ベッチャーが指摘しているように「プロッサーの見解は身体自我のもっともらしい説明を提供する利点をもっている。しかし、また、身体の社会的概念がその自我に影響を与える仕方にほとんど注意が払われていない点を指摘しておくことは重要である」(Bettcher 2009)。なお、このようなプロッサー理論の問題点に関しては、次章を参照。

んどの場合決して決定的ではないのである。(Salamon 2010: 181-182、サラモン 二〇一九:二九二)

私たちはしばしば「髪型や歩き方、服装や声の高さ、さらには身体の形や大きさなど」の身体的特徴によって人の性別を判断するし、そしてこれらの身体的特徴(すなわち、セックス)がもつ意味は文化的に可変的である。したがってサラモンが述べているように、「セックスもまた文化的な生をもつ」のであり、それは「身体的カテゴリーでありながら、つねにそれ以上のもの」なのである(Salamon 2010: 182、サラモン 二〇一九:二九二)。再びメルロ=ポンティに倣えば、「物質的身体」はたしかに「物質的」であるが、それは身体イメージによって媒介されることではじめて組織化されるものであり、この意味で、「人間にあっては、〈自然的〉と呼ばれる行動の第一の層と、加工された文化的ないしは精神的な世界とを重ね合わせることは不可能である」(メルロ=ポンティ 一九七五:三二〇)。したがって、セックスをその「文化的生」から切り離された自然的実在として考えることはできない。私たちは、セックスや身体をジェンダーや文化から切り離された物質として考えるのではなく、むしろそれらの「生きられた関係」を考察しなければならないのである。

私たちがトランスジェンダーの経験から学ぶことができるのは、身体には「感じられた身体」の次元が存在すること、そして、それは「物質的な力」をもっているということである。したがって誤解を恐れずに言えば、トランスジェンダーにとって「問題なのは身体(bodies that matter)」であって、「心」ではないのだ。そして、身体とは「単なる物質」ではないのであって、それは「感じられた身体」によってはじめて生きられるのである。このような「感じられた身体」を、「妄想」や「精神的な混乱」としてではなく、むしろ、人間存在を構成する身体的次元として再考しなければならない。性別違和は「治療の対象」ではなく、「生きられた現実」なのだ。

第二章

身体を書き直す——トランスジェンダー理論としての『ジェンダー・トラブル』

物質性を肯定すること――あるいはもう少し具体的に言えば、自分自身の身体性の生存可能性を主張すること、とくにその物質性が文化的あるいは社会的に嫌悪されているとき――は、私たち自身の身体の単なる物質性以上のものを再構成する、継続的でつねに不完全な労働を引き受けることである。それは、諸々の物質性の生きられた意味を創造し、変換しようと努力することである。

――ゲイル・サラモン[*1]

はじめに

トランス女性で詩人の榎本櫻湖はそのエッセイ「「性同一性障害」だったわたし」のなかで、自身にとっての「詩を書くこと」の意味について考察している。そこで彼女は、次のように述べている。「もしも「女性」というものと「書く」という行為について、問わず語りをくりひろげるならば、わたしは「書く」という行為に没入することで、わずらわしい現実存在としてのわたしから逃げつづけてきた、そう答えるだろう」（榎本　二〇一七：一四三）。このように、榎本は「詩」を書いているときだけは生身のからだから遠ざかることができたし、それがひとつのよろこびでもあり、救いだった」（榎本　二〇一七：一四三）と述べている。詩を書くことは彼女にとって、「「おまえは男か、それとも女か」と問われることはないし、肉体の醜さを難詰されることもない」（榎本　二〇一七：一四五）空間を開いてくれたのである。

だが、榎本自身も述べているように、「書く行為」は身体なしには成り立たない行為である。いや、むしろ、それは身体の存在を否が応でも突きつける行為であるといえる。ジュディス・バト

＊1　Salamon 2010: 42、サラモン　二〇一九：六七。

ラーはある論文でデカルトの『省察』を考察しているが、そこで同様のことを指摘している。デカルトは『省察』で、身体が本当に存在しているかを疑い、その第一省察では身体の存在を「疑わしいもの」としてその実在を否定している。しかし、バトラーは、テクストは「テクストを書く手」の存在があってはじめて可能である以上、身体はテクストの言語によって否定し尽くされることができないと指摘している。[*2] むしろ、テクストによる身体の否定は逆説的にも身体の存在を引き立てる結果になると言えるだろう。テクストの言語によっていかに身体を否定しようとも、「テクストを書く手」の存在はそのような否定を打ち消してしまうのだ。したがって、榎本もまた次のように述べている。「「脱身体」を標榜し、書く行為に没入することで現実存在としてのわたしとの訣別をはかるはずが、結局のところ、わたしという存在を逆説的に補完し、肯定しなければならない事態に陥ってしまっているのだ」(榎本　二〇一七：一四五)。

したがって、榎本にとって「詩を書くこと」は「脱身体」の試みではない。それでは、榎本にとって「詩を書くこと」はどのような試みなのか。彼女は次のように述べている。

むしろわたしはいま、なにかを書きながら、普段うっとうしく感じていた肉体とは違う肉体の存在を意識するようになっている。書く行為を実践する運動体としてのそれは、書こうとする意思にまでも侵食してきてしまっているし、それはいってみればわたし固有の肉体とは不可分のあらたな身体性を獲得し、現実のわたしを包含して、書くことも含めて、生きることをもわたしに

強いる。（榎本　二〇一七：一四五。強調原文）

詩によって身体を書き直す榎本の試みは、トランスジェンダーの身体経験の一種の比喩として読み解かれることができるかもしれない。もしもトランスすることが「わたし固有の肉体とは不可分のあらたな身体性」を獲得する試みであるとすれば、どうだろうか。トランスすることが「普段うっとうしく感じていた肉体とは違う肉体の存在」の探究であるとすれば。

本章で私が行いたいのは、トランスジェンダーの身体経験を「身体を書き直す」試みとして理論的に考察することである。その上で、ジュディス・バトラーの『ジェンダー・トラブル』のある一節を集中的に考察することによって、『ジェンダー・トラブル』をトランスジェンダー理論として読み直すことを試みたい。そこで第一節ではまず、バトラーのその一節に対して、トランス男性のジェイ・プロッサーが『第二の皮膚』（1998）で提示した批判を取り上げる。プロッサーの『第二の皮膚』は、「トランスジェンダーの経験に関するもっとも洗練されたインターディシプリナリーな解釈のひとつ」（Stryker and Whittle 2006: 257）とされているものであり、そこで彼はバトラーを徹底的に批判した。彼が提示したバトラー批判を確認することによって、私はむしろ、バトラーの『ジェンダー・トラブル』をトランスジェンダー理論として改めて読み直す必要性を示唆するこ

＊2　Butler（1998）を参照。また、拙論「バトラーのマテリアリズム」（藤高　二〇一五）も参照。

とにしたい。プロッサーの批判の歴史的な重要性を確認しながら、しかし第二節以降では、彼の批判に再批判を加える形で、バトラーの『ジェンダー・トラブル』を改めてトランスジェンダー理論として読み直す試みを行うことになる。そして最後に、再び榎本のエッセイに立ち返り、トランスジェンダーの「身体を書き直す」試みが何を明示しているのかを考察することにしたい。

1 「想像的なもの」の「物質的な力」――プロッサーのバトラー批判

本章で集中的に考察したいのは『ジェンダー・トラブル』における以下の箇所である。それは、バトラーが『ジェンダー・トラブル』の本文中で明示的にトランスジェンダー（厳密にはトランスセクシュアル）を論じている、おそらく唯一の箇所である。

トランスセクシュアルがしばしば主張するのは、性的な快楽と身体部位とのあいだの根本的な不連続である。たいてい、快楽との関係で求められるものは身体部位への想像的な参与を要求する。その身体部位が附属物であろうと開口部であろうと、人が実際に所有していないものであろうと。あるいは同様に、快楽は、誇張されたり、矮小化された身体部位を想像することを要求するのかもしれない。もちろん、欲望の想像的な性格はトランスセクシュアルのアイデンティティに限定されるものではない。欲望の幻想的な本性が明らかにしているのは、身体が欲望の基盤や

> 原因ではなく、欲望の機会であり対象であるということである。欲望の戦略は部分的には、欲望する身体それ自身の変容である。実際、ともかくも欲望するためには、想像的なもののジェンダー化された規則の内部で欲望可能な身体の要件を満たすために作り変えられた身体自我を信じることを必要とする。欲望のこの想像的な条件はつねに、それが働く手段であり場である物理的な身体を超えているのである。（Butler 2010: 96）

この箇所についての詳細な読解は次節以降で行っていくとして、この節でまず取り上げておきたいのは、この箇所に対するジェイ・プロッサーの批判である。プロッサーは『第二の皮膚』で、この箇所を取り上げて次のように批判している。

> トランスセクシュアリティに関するひとつの言及において、『ジェンダー・トラブル』はトランスセクシュアリティを、肉体的な感じ（somatic feeling）の構成的な重要性ではなく、むしろその反対、つまりセックスの幻想的な性格を例示するために用いている。トランスセクシュアルがしばしば語る、その物質性とは異なって性別化されたものとして彼あるいは彼女の身体を経験する能力は、たしかにフロイトの身体自我の概念を擁護する。しかし、私が主張するのは、その主体がしばしば想像的な身体をよりリアルに、より感覚的なものとして語ることから、この現象が示しているのは性別化された身体の幻想的な性格というよりもむしろ身体自我の物質性である、

ということである。すなわち、想像的なものの物質的な現実であって、バトラーが述べるであろうように、物質的な現実の想像性ではないのだ。トランスセクシュアルの足跡が身体を再構成することに集中しているのは、物質的な身体部位と結合し、それと一致して身体自我を感じることができるかどうかということこそ、トランスセクシュアルの文脈において問題になっている、ということである。すなわち、セックスが変えられねばならないものとして知覚されていることは、そのまさに非‐幻想的な性格を強調しているのである。(Prosser 1998: 43-44)

プロッサーがここで主張しているのは、バトラーが「身体の物質性」を否認し、それを「幻想的なもの」ないし「想像的なもの」に矮小化していることである。バトラーが「性別化された身体の幻想的な性格」及び「物質的身体の想像性」を強調するのに対して、プロッサー自身はむしろ、「身体自我の物質性」及び「想像的なものの物質的な現実」を理論化しようと試みているのである。彼がそのような試みを企てるのは、トランスセクシュアルの「主体がしばしば想像的な身体をよりリアルに、より感覚的なものとして語る」からであり、バトラーがそのような「想像的なものの物質的な現実」を見過ごしていると考えるからである。

この「想像的なものの物質的な現実」とは何だろうか。例えば、プロッサーはトランスセクシュアルが「間違った身体(the wrong body)に捕らわれている」と感じる経験に言及して、次のように述べている。

私の主張は、トランスセクシュアルが間違った身体性のイメージを展開し続けるのは、間違った身体に捕らわれているということが単にトランスセクシュアリティがそのように感じるものであることだからである、というものである。もしトランスセクシュアルの性別移行のゴールがジェンダー化された身体性の感じを物質的な身体と合わせることであるなら、身体イメージ――私たちはそれを想像的なものと同列に並べるよう誘惑されるかもしれない――は明らかにすでにトランスセクシュアルにとって物質的な力をもっているのである。間違った身体に捕らわれているというイメージはこの力を運ぶのだ。それは、まず、いかに身体イメージが物質的な身体と根本的に分裂しているかを示し、いかに身体イメージがトランスセクシュアルに彼あるいは彼女の身体を身体イメージに一致するように変えるよう説得するものとして十分に実体的なものと感じられうるか、を示している。(Prosser 1998: 69)

したがって、プロッサーが理論化しようとするのは、身体イメージの物質性である。彼によれば、トランスジェンダーの「間違った身体」の経験が示唆しているのは、そのトランスジェンダーが自身に対してもつ身体イメージが自分の物質的な身体を変えるように促すほど「十分に実体的なもの」として「物質的な力」をもっているということなのである。そして、彼が「身体イメージ――

私たちはそれを想像的なものと同列に並べるよう誘惑されるかもしれない」とおそらくはバトラーを念頭に置いて忠告めいた言及を行っているのは、この「身体イメージ」がもつ「物質的な力」をバトラーが見過ごしていると彼が考えているからだろう。

このようなプロッサーの批判は、彼のより広い批判、すなわち（彼がバトラーに帰す）「言説構築主義」に対する批判と並行している。後で考察するように、プロッサーの「言説構築主義」批判のすべては必ずしもバトラーに当てはまるわけではないのだが、彼の批判は、ある種の言説構築主義理論がトランスフォビアに陥ってしまう陥穽を指摘している点できわめて重要なものである。そのような問題を生む構築主義理論はとりわけ、身体を言説に還元する型の構築主義理論に当てはまる。プロッサーは『第二の皮膚』で、「構築主義理論」がトランスジェンダーを特徴づける傾向として言説の「文字通り化／脱文字通り化（literalization/deliteralization）」の二元論を挙げている。本論でとくにみていきたいのは前者である。

身体が意味作用との関係において考えられ、言説の効果＝結果とみなされると、トランスセクシュアルは言説――とりわけジェンダーとセクシュアリティの言説――の文字通り化と読まれるか、その脱文字通り化と読まれるかのいずれかである。文字通りのもの――当然、それが身体、経験、あるいは言説に結びついたものであれ、ポストモダニズムやポスト構造主義においてもっとも否認されているカテゴリー――に軸を置く二元論が働いているのである。（Prosser 1998: 13）

プロッサーによれば、身体を「言説の効果＝結果」とみなす「言説構築主義理論」はトランスジェンダーの経験に関して二つの解釈——すなわち、言説の「文字通り化／脱文字通り化」——を生む。前者の「文字通り化」に関して、プロッサーは次のように述べている。「トランスセクシュアルは、ジェンダーやセクシュアリティを文字通り化するものとして形象化されると、ポスト構造主義者が脱構築しようとする存在論の一次的なカテゴリーや自然なものを言及対象として強化していると非難されてしまう」（Prosser 1998: 13）。

この引用部に続けて、プロッサーはそのような「非難」の例を次のように挙げている。

「トランスセクシュアリズムは女性という失われた家父長制の比喩を文字通り化する」とキャロル＝アン・タイラーは書いている。ラカン派のカトリーヌ・ミローは同様の合成が働いているとみている。「彼らの真理の要求において〔…〕トランスセクシュアルはエラーの犠牲者である。彼らは器官とシニフィアンとを取り違えている」。キャロル＝アン・ティラーはポスト構造主義の理論で、シニフィアンと言及対象の同一視を非難する。トランスセクシュアルアルは「彼らの性器を本質化していゝる」。そして、マージョリー・ガーバーは以下の理由から、トランスセクシュアリティを退行的な体制順応主義者として斥ける。「トランスセクシュアリティについて一言述べておこう。それはジェンダーの欲望と生物学的性差の支配的な一致を主張することで、古

めかしいセックス／ジェンダーの体制を安定化するよう働いている」。（Prosser 1998: 13-14。強調原文）

このように、トランスセクシュアルは「言説的構築物でしかないジェンダー」を「本質化」し、「文字通り化」し、その規範を「強化している」として非難されるのである。[*3] ある意味ではバトラー理論の受容によって部分的に広まってしまったと言える（そして後でみるようにバトラー自身が批判している）身体を言説に還元する「言説中心主義」は、このようなトランスフォビックな解釈を生んでしまう傾向があると言えるだろう。というのは、もし身体が単なる「言説的構築物」でしかないのなら、その身体を変えようとするトランスジェンダーは「言説的構築物でしかないジェンダーに囚われた哀れな犠牲者」であるとする解釈、あるいは、シニフィアンでしかない性差の言説にこだわり、「古めかしいセックス／ジェンダーの体制」を「強化」しているとする解釈を引き起こしてしまうからである。

プロッサーが主張していた「脱文字通り化」についてもここで付言しておこう。先の「文字通り化」とは対照的に、これはトランスジェンダーがセックスやジェンダーを「脱文字通り化」し、「撹乱」するとみなす解釈である。プロッサーによれば、「最初のモデルにおいてトランスセクシュアルが性別化された身体を言語の前に位置づけるために非難されるとすれば、第二のモデルにおいては、トランスセクシュアルは言語学的なシニフィアンとしてのセックスを身体を超えて押し出すために祝福される」(Prosser 1998: 14)。先とは反対に、「脱文字通り化」のモデルにおいて、トランスセクシュアルは「身体から自由なセックス」(Prosser 1998: 14) を示すものとして、セックスを「脱文字通り化」するものとして「祝福される」。この「文字通り化/脱文字通り化」の二元論には「もうひとつの二元論」が見え隠れしている、とプロッサーは指摘している (Prosser 1998: 15)。それは「強化/侵犯」の二元論である。例えば、プロッサーはバトラーの著作に「トランスジェンダー=ジェンダー・パフォーマティヴィティ=クィア=撹乱」と「トランスセクシュアル=ジェンダー・コンスタティヴ(事実確認的)=ストレート=自然化」の二元論が働いていると述べている (Prosser 1998: 33)。彼によれば、「文字通り化」のモデルと同様「脱文字通り化」のモデルにおいても、「身体的物質性」は忌避されており、それゆえ、これらいずれのモデルにおいても、トランスセクシュアルは「盲点(blind spot)」(Prosser 1998: 14) である。たしかに、彼が述べているように、バトラーの『ジェンダー・トラブル』は例えばドラァグのようなジェンダー侵犯的ないしジェン

＊3　実際、残念なことに、私自身『ジェンダー・トラブル』の読書会などでこのような解釈を時折耳にすることがある。本論を執筆する直接のきっかけとなったのは、あるトランスの方から「バトラーって意味あるの?」と単刀直入に尋ねられたのが発端だった。その人もまた、ある種の「バトラー的構築主義」の観点から「言説的構築物でしかないジェンダーに拘った人」という誹りを受けたことがあるとのことだった。私自身はバトラーの思想の重要性を確信していたが、果たして、このようなトランスフォビックな解釈に対する明確な批判的考察を行ってきただろうかと自問し、本論を執筆するに至った。

ダー交錯的な例を抵抗や撹乱の特権的な例としてしまうような危うさを秘めていた。[*4]

このように、プロッサーの『第二の皮膚』は、「構築主義理論」が主流になったフェミニスト理論やクィア理論においていかにトランスジェンダー――とりわけトランスセクシュアル――が無視され、誤認されてきたかを批判するものとしてきわめて重要なテクストである。ゲイル・サラモンも述べているように、「彼が議論しているのは、身体の構築性や言説性へのクィア理論の焦点化によってトランスセクシュアルの主体性と身体性とのあいだの結びつきがほどかれ、あるいは完全に切断されてしまった、ということである。この意味で、『第二の皮膚』はトランスセクシュアリティの歴史的な無視、とりわけフェミニスト、クィア理論における無視に立ち向かおうとするトランススタディーズにおける試みを表象している」(Salamon 2010: 37、サラモン 二〇一九：五九－六〇)。

したがって、その「言説構築主義」の「親玉」であるバトラーに対して、プロッサーは激烈な批判を行うことになる。だが、私の考えでは、彼の批判はむしろ、バトラーのテクスト――とりわけ『ジェンダー・トラブル』――を改めて読み直す必要性、すなわち、『ジェンダー・トラブル』をトランスフォビアに抗するトランスジェンダー理論として改めて読み直す、その切迫した必要性をこそ、投げかけているように思われる。ある種のトランスフォビックな解釈を生んでしまった一端がバトラーの『ジェンダー・トラブル』にあるのだとすれば、再度、『ジェンダー・トラブル』を検討し直すことによって、そのようなトランスフォビックな解釈を問いに付す作業こそが求められているのではないだろうか。

2　身体の物質性と想像的身体

そこで、バトラーの『ジェンダー・トラブル』の例の一節に立ち返りたい。その上でまず本節では、プロッサーがバトラーに帰していた「物質性の否認」を取り上げることにしよう。バトラーはその一節のなかで、「欲望の幻想的な本性が明らかにしているのは、身体が欲望の基盤や原因ではなく、欲望の機会であり対象であるということ、そして「欲望のこの想像的な条件はつねに、それが働く手段であり場である物理的な身体を超えている」と述べていた。プロッサーはこのような主張を「物質性の否認」として、あるいは「物質的現実」を「言説」、あるいはその効果として形成される「想像的なもの」に還元するものとして読解していた。

だが、バトラーは『問題《マター》＝物質となる身体』で、身体を言説に還元する「言説一元論」を厳しく批判している。バトラーはそのような「極端な構築主義」を、「言説が主体を構築する（Discourse constructs the subject）」というテーゼに定式化している（Butler 2011: xviii）。このテーゼにおいて、「言説」は大文字の「主語（＝主体）《サブジェクト》」の場を占めている。この解釈はたしかに「主体」を実体化していないかもしれないが、「言説」を実体化した「言語一元論（linguistic monism）」（Butler 2011:

＊4　このようなバトラーに対する問題提起に関しては、清水（二〇〇三）と井芹（二〇一〇）も参照。

xv）であり、「言説」に「神のような行為能力（a godlike agency）」（Butler 2011: xvi）を付与する実体論であるとして批判されているのである。このように、バトラーは『問題《マ》＝物質《タ ー》となる身体』で、自らにあてがわれた誤解――物質性の否認――を払拭しようとしているのである。そして実際、『問題《マ》＝物質《タ ー》となる身体』では次のように明示的に述べられている。

　身体に付属する「物質性」の一覧、つまり、生物学、解剖学、生理学、ホルモンや化学的な性質、病、年齢、体重、代謝、生、死といったものによって示されるものを容認したり、肯定することは可能であるにちがいない。これらのいずれも否定できない。しかし、これらの「物質性」の否定不可能性は、それらを肯定することが何を意味するのか、実際、どんな解釈可能な基盤がその必然的な肯定を条件づけ、可能にし、限界づけるかを決して暗示しはしない。〔…〕〔身体的物質性は：引用者注〕「それなしには」どんな心的作用も生じないものであり、また、それに対して、それを通して、心的なものが作用しもするものなのである。（Butler 2011: 36-37）

このように、バトラーはある種の物質的な身体が存在することを認めているし、「「それなしには」どんな心的作用も生じない」と述べている。むしろ、ここでバトラーが明らかにしているのは、身体の物質性はその社会的な解釈の枠組みやそこから生じる心的な作用から根本的には分節化することができない、ということである。実際、バトラーは別の箇所で、「記号に先立つものとして位置づけられた身体は、つねに先立つものとして位置づけられ、意味づけられている。この意味づけの過程はそれ自身の手順の効果として、まさにその身体を生産している」（Butler 2011: 6。強調原文）と述べている。身体の物質性を言語の外部に位置づける操作それ自体も言語を通してなされるのであって、それゆえ言語と根本的に絡まり合っているのである。[*5]

バトラーが『ジェンダー・トラブル』の例の箇所で述べているのも同様のことである。バトラーがまず「身体は欲望の基盤や原因ではない」と述べることによって示しているのは、物質的な身体は欲望のあり方を決定論的に規定するものではないということである。そして、「身体は欲望の機会であり対象である」とは、身体とは単に物質的であるだけでなく想像的なものでもあるということを意味している。というのは、欲望は「身体部位への想像的な参与」を要求し、したがってそのような想像的な働きによって身体は部分的に作り変えられるからである。「欲望の戦略は部分的に

＊5　このような観点から、サラモンはプロッサーの理論を批判している。「さらに事態を複雑にしているのは、プロッサーが「性別移行の物質的形象」と「トランスセクシュアルの語りの物質性」を探究することを選択している事実である。物質性と比喩的形象のあいだの関係、あるいは物質性と語りのあいだの関係に関する主張を行うことはたしかに可能だが、いずれの場合であれ、その関係が単純な一致の関係にあることは疑わしいように思われる。語りと形象はまさにそれらの本性上、言説性から分離できないものだ。言語の外部にあるこれらのものを考えることが何を意味するのか、あるいは、語りや形象の物質性が形態や機能において肉の物質性にいかにして一致するのか、といったことが不明瞭なのである」（Salamon 2010: 40、サラモン　二〇一九：六四－六五）。

は、欲望する身体それ自身の変容である」。したがって、バトラーがここで理論化しようとしたのは「物質的な身体」に還元されない「想像的な身体」の存在であり、そして繰り返せば、バトラーは身体の物質性を否認することなく、このような「想像的な身体」の存在を浮き彫りにしたのである。実際、先に引いた『ジェンダー・トラブル』の一節のすぐ後でバトラー自身が述べているのは、身体は「それ自身が想像的な構築であることからは決して自由になれない」(Butler 2010: 96) ということである。言い換えれば、身体の「想像的な側面」と「物質的な側面」とをはっきりと分節化することはできないのだ。

ところで、プロッサーがバトラーを批判していたもうひとつの点は、バトラーがこの「想像的な身体」の「物質的な力」を見落としているという点にあった。だが、次節で私が示したいのは、むしろ、バトラーはそのような「想像的な身体」の「物質的な力」をこそ理論化していたという点である。そして、おそらくはこの点においてこそ、バトラーの『ジェンダー・トラブル』を改めてトランスジェンダー理論として読み直す積極的な重要性が賭けられているのである。

そこでここではまず、プロッサーの批判を思い起こすことにしよう。彼が主張していたのは、トランスセクシュアルという「主体がしばしば想像的な身体をよりリアルに、より感覚的なものとして語ることから、この現象が示しているのは性別化された身体の幻想的な性格というよりもむしろ身体自我の物質性である」ということだった。彼にとって、この「想像的な身体」とは単なる「幻想」ではなく、「物質的な現実」である。プロッサーはこのような「想像的な身体」の「物質的な力」を無視していると述べ、トランスセクシュアルが自らに感じる「想像的身体」は決して単なる「言説的構築物」ではない「十分に実体的なもの」であると示唆したのだった。

だが、まさにこの最後の主張に、プロッサーの理論の問題点がある。彼は、この「想像的身体」を「十分に実体的なもの」として理論化しようとするあまり、社会構築主義やパフォーマティヴィティの議論を一蹴してしまう[*6]（「トランスセクシュアルが明らかにするのはクィア理論そのものの限界――すなわち、ジェンダー・パフォーマティヴィティというその優遇されてきた領野を超えた、あるいはその手前にあるもの――なのだ」[Prosser 1998: 6]）。だが、そうなると、この「実体」とみなされた「想像的身体」は言説の「外部」、「社会的構築」のまったき「外部」に存在するということになる。プロッサーが示していたように、身体を言説に還元する操作はトランスフォビアに陥ってしまう陥穽が存在する。だが、さりとて、トランスの身体を言説の外部に位置づけてしまうことも、彼／女らの身体を実体化し、特殊化する危険を冒してしまうのではないだろうか。実際、バトラーが『ジェンダー・トラブル』で力強く主張したように、「社会的なものの外部」とは精神分析の用語で言えば「現実的なもの」にあたるが、それは実際には「文化」や「社会」のまったき「外部」であるというよりは、「社会的なもの」の内部で周縁化されたものである（Butler 2010: 105）。バトラーがこの

＊6　トランスジェンダー・スタディーズと「社会構築」の関係については、Salamon, 2010（サラモン二〇一九）の第三章を参照。

「絶対的な外部」という位置を批判しているのは、それが社会のなかで「おぞましいもの（abject）」としていかに周縁化され、排除されるかを社会的かつ批判的に考察することを不可能にしてしまう点にあった。そうだとすれば、トランスジェンダーをある種の外部性に依拠して記述することは、サラモンが指摘しているように、「トランスの、あるいは他の主体性を理論化するための生産的な位置ではない」（Salamon 2010: 41、サラモン 二〇一九：六六）ことになるのではないだろうか。

そして実際、このようなプロッサーの論法が危険なのは、トランスジェンダーの存在を否認するある種の方法とそれが重なってしまうからだ。例えばエリザベス・グロスが『移ろいゆく身体』でトランスセクシュアル女性を「本物の女になれない存在」として否認するとき、その否認は、シスジェンダーの女性の「感じられた身体」や「生きられた身体の経験」といった「身体イメージ」が社会的なものの外部にある性的差異であるという論法によってなされているのだ。[*7] 明らかに、プロッサーはグロスの政治的言説に賛同しないだろう。だが、ここで問題なのは両者が「感じられた身体」の実体性を肯定している点で共通してしまっているという点である。たとえ、フェミニズムやクィア理論におけるトランスセクシュアリティの黙殺に抗するためとはいえ（そして、その目的そのものに当然、異論はないのだが）、「実体」というカテゴリーに訴えることは危うい選択のように思われるのだ。

したがって、ここで私たちに投げかけられている問いは次のような問いではないだろうか。すなわち、トランスの身体を「言説」にも「言説の外部」にも還元しない方法で模索することは可能か。

もし可能であれば、そのとき、トランスの身体が明示しているものとは一体何なのか。まさにこのような問いを考える上で、バトラーの『ジェンダー・トラブル』を再考することができるのだ。

3 「普段うっとうしく感じていた肉体とは違う肉体の存在」と物質性の肯定

プロッサーはバトラーに対して、バトラーが「想像的なものの物質的な現実」を理論化する代わりに「セックスの幻想的な性格」を強調している点を批判していた。実際、私たちが検討している『ジェンダー・トラブル』の一節の前後でバトラーが指摘しているのは、「快楽と欲望の原因は身体のある部位、すなわち「文字通りの」ペニスであり、「文字通りの」膣であるという信仰」は「メ

＊7　グロスは次のように述べている。「他方の性別に対する一方の性別の経験と生きられた現実性には、他方の性別に対する一種の外部性や異質性がつねに存在するだろう。トランスセクシュアルの幻想とは対照的に、男は、たとえ医療的介入がなされたとしても、女としてあること、女として生きることがどういうことかを感じることも、経験することも、決してできないのだ。せいぜい、トランスセクシュアルは彼〔ママ〕の女性性の幻想を生きることができるにすぎない。その幻想は、医療的、化学的介入によって生じる、かなり粗雑な変換によって大抵裏切られるのだが。トランスセクシュアルは女のように見えるかもしれない。しかし、決して女のように感じることも、女のようにあることもできない」(Grosz 1994: 207-208)。このグロスの論に対する批判的な考察については、Salamon (2010: 145-168、二〇一九：二三三－二五〇) を参照。

ランコリックな異性愛という症状を特徴づける〈文字通り化〉の幻想」であるということである（Butler 2010: 96）。プロッサーが指摘していたように、たしかに、そこでは「セックスの幻想的な性格」が強調されている。

だが、このバトラーの記述を、私たちはもっと注意深く検討すべきだろう。というのも、ここでバトラーが記述しているのは、規範的な「想像的な身体」の「物質的な力」であると解釈することができるからだ。周知のように、バトラーは『ジェンダー・トラブル』で、セックスとは自然的事実ではなく、むしろ異性愛規範によって部分的に形成されたものであると指摘した。それは、異性愛規範が成立するためには二元論的なセックスを必要とし、よって異性愛規範こそが二元論的セックスを生産しているのではないかと示唆するものだった。「文字通りのもの」とみなされたセックスは、実際には所与の物質ではなく、異性愛という規範的な欲望――したがって「想像的なもの」――によって物質化されたものなのである。したがって正確を期して言えば、バトラーは「セックスの幻想的な性格」をたしかに論じたが、それは「規範的な想像的身体」の「物質的な力」を理論化するものだったと言えるだろう。

そして、バトラーが例の一節でトランスセクシュアルに言及して示唆しているのは、次のことではないだろうか。すなわち、規範的な身体の物質化とは異なる別の仕方の物質化が可能であること。身体は「欲望の想像的な性格」によって作り変えられるのであり、したがって身体の物質性は絶えず「再意味化（resignification）」に開かれたものであるということを。このオルタナティヴな身体はバトラーにとって、「絶対的な外部」ではない。それは『問題＝物質《マター》となる身体』の議論に倣えば「構成的な外部」であり、つまり、社会的規範の内部で周縁化され、排除されている「具体的な文化的可能性」(Butler 2010: 105)である。そして、バトラーはこの社会において「何が物質的な身体とみなされているか」、したがって「どんな身体が生存可能で、どんな身体が生存不可能とされているか」を規定する規範を批判することを通して、それらオルタナティヴな身体の生存可能性を押し広げようとしたのである。

　したがって、ここで私たちが見出すことができるのは、規範的な身体図式の「物質的な力」と非規範的な身体図式の「物質的な力」とのせめぎ合いである。バトラーの理論では、「想像的なもの」の「物質的な力」はトランスの身体にのみ認められるのではなく、規範的な身体ともどもに認められる力なのであり、それらが互いに競合しているのである。あるいはより正確に言えば、「物質的な身体」とは所与の物質ではなく、「何が物質的身体とみなされるか」をめぐる想像的なヘゲモニー闘争の下にあるのだ。

　この意味で、トランスの「身体を書き直す」試みは、この社会において「何が物質的身体とみなされているか」を開示し、それを書き直し、「再意味化」に開くことで、その身体の生存可能性を押し広げようとする実践だと言えるのではないだろうか。プロッサーが見落としているのは、「物質的な身体」そのものがこのような「再意味化」に開かれているという点である。サラモンも同様のことを指摘しており、「私が考察したいのはここでプロッサーが誤った問いを提示している可能性であり、そして私が示したいのは、ジェンダー化された身体性を理論化する上で身体イメージが有用なのは、その身体イメージが物質的なものだからではなく、それが物質性そのものの再意味化を可能にするからであるということだ」（Salamon 2010: 38、サラモン 二〇一九：六二）と述べている。

このような観点から、私たちはバトラーが『ジェンダー・トラブル』で行ったレズビアン・フェミニズム批判をトランスフォビア批判として現在読み直すこともできるだろう。実際、サラモンは現在のアメリカ合衆国の一般メディアにおけるトランス男性の表象を考察し、そこで八〇年代のレズビアン・フェミニズムによるブッチ／フェム[*8]批判がトランスフォビアとして焼き直され、反復されていることを指摘している（Salamon 2010: 108、サラモン 二〇一九：一七三－一七四）。そうだとすれば、バトラーが『ジェンダー・トラブル』で提示した批判はトランスフォビアに対する批判としても読み直すことができるものだろう。当時のレズビアン・フェミニズムはブッチとフェムを「異性愛規範の再生産」として批判したが、それに対してバトラーが示したのは、「ヘゲモニックなカテゴリーを再意味化する、内的に不調和で複雑なそれらアイデンティティのエロティックな重要性」（Butler 2010: 166）である。それらのアイデンティティは「セックスのカテゴリーを奪取し、再配備する」（Butler 2010: 166）ものであり、まさに物質的身体そのものを再意味化に開く力をもつものとして理論化されたのである。また、バトラーは別の箇所で近所のゲイ・レストランが「彼女は働きすぎたので休養が必要です」と掲げた看板を取り上げて、次のように述べている。「これは女性性を植民地主義的に「取り込む」ものなのか。私の理解では、否である。そういう風に糾弾する背後には、女性性は女のものだという仮定があり、そんな仮定など、まったく疑わしいものである」(Butler 2010: 167)。これもまた、直接トランスジェンダーに言及している例ではないとはいえ、例えば、トランスセクシュアルをレズビアン・フェミニズムの立場から非難したジャニス・レイモンドの『トランスセクシュアル帝国』(1979)――そこでレイモンドは「レイプとは〔…〕男権主義者による身体的尊厳の侵害である。トランスセクシュアルはみな女性の身体を人造物におとしめ、それを奪取して我が物にするという形で、女性の身体をレイプする。〔…〕通常のレイプは力づくだが、このような欺瞞によっても果たされる」(Raymond 1979: 104)と主張した――に対する批判として、あるいは明らかにこのようなフェミニズムの負の遺産を引き継ぎ、反復している現在のトランス排除的な言説への批判として、読み直すことができるのではないだろうか。

このように、私たちは『ジェンダー・トラブル』をトランスフォビアに抗するトランスジェンダー理論としても読み直すことができるように思われる。そして、それによって示唆されたのは、

＊8 「ブッチ」とは「男性的なジェンダー表現をするレズビアン」を指し、「フェム」は「女性的なジェンダー表現をするレズビアン」のことを指す。英語圏の“butch”や“femme”は日本のレズビアン用語でいうところの「タチ／ネコ」とは異なるものである。清水晶子が注意しているように、日本語の「タチ」や「ネコ」は主に性行為における「能動」と「受動」といった役割区分を指す傾向があるが、「ブッチ」と「フェム」は性行為時の「能動／受動」を指す言葉というよりも、むしろジェンダー表現を指す言葉である(清水 二〇〇三：六四－六五)。

トランスの身体とは単なる「言説的構築物」としての身体でもなければ、言説の「外部」に存在する実体としての身体でもないということである。むしろ、身体とはそれ自体が想像的なもののヘゲモニー闘争の場であり、トランスの身体はまさにその緊張を生きているのではないだろうか。そこで最後に、この点について考察するために榎本のエッセイに立ち戻ろう。

榎本の言う、「書く行為」において生起した「普段うっとうしく感じていた肉体とは違う肉体の存在」は「想像的な身体」と言えるかもしれない。しかし、ここですぐさま注記したいのは、「想像的な身体」とは「物質的な身体」よりも現実的ではない、というわけではないということである。榎本が述べているように、この身体は「わたし固有の肉体とは不可分のあらたな身体性」であり、「この現実のわたしを包含して、書くことも含めて、生きることをも強いる」身体性である。むしろ、事態は反対でさえあるのであって、「書くという行為」の「さなかにあっては、わたしはわたしの肉体を歓迎してもいるし、ありのままのわたしを祝福してもいる」(榎本　二〇一七：一四五)のであり、つまり、「書く行為」において生起した「あらたな身体性」の方こそが「わたしの肉体」、「ありのままのわたし」――すなわち、「わたし」が「生きること」――を肯定する地盤として働いているのだ。「想像的な身体」とは地に対する図ではなく、むしろ図に対する地なのであり、「物質的な身体」を支える身体性なのである。*[9] この意味で、バトラーのいう「幻想」とは現実の反対物ではない。サラモンが注釈しているように、それは「主体を可能にするもの」(Salamon 2010: 36、サラモン　二〇一九：五七)なのである。

ところで、社会や国家が要請する身体とは、単なる「物質的な身体」ではありえない。それは「物質的なもの」という見せかけをとりながら、実際には象徴的に規範化された身体イメージを強いる。実際、榎本が語っているように、「生身のからだ」は「「国家」がわたしに要求する「女性」」（榎本 二〇一七：一四二）（ないし「男性」）、あるいは「「社会」や「国家」仕様の性別」（榎本 二〇一七：一四二）に曝されつづける。バトラーの「物質化」という概念は、いかに特定の身体のあり方が「物質的なもの」として形成され、理念化されるかを考察するために導入された概念である。それは一方では、どんな身体が「物質的なもの」、「自然な身体」として規範化されるかを示すものであり、他方では、そのような「物質化」の過程においてどのような身体が「構成的な外部」として排除されているかを示すための概念である。言い換えれば、身体とは、規範的な「物質化」とそこから排除されたオルタナティヴな想像的身体とのあいだの緊張を生きるのである。「身体の輪郭と形態は、心的なものと物質的なものとのあいだの還元不可能な緊張に単に巻き込まれているのではなく、むしろ、その緊張で*あ*る」（Butler 2011: 36、強調原文）。榎本の「生身のからだ」（及びそれに対する社会の眼差し）と「書く行為」において生起する「普段うっとうしく感じていた肉体とは違う肉体」との関係はまさにこの「緊張」を示しているように思われる。

＊9　また、ここでメルロ゠ポンティの身体図式や身体イメージの議論を想起することもできるだろう。トランスジェンダー研究におけるメルロ゠ポンティ哲学の有用性については、Rubin 2003 及び Salamon 2010 を参照。

榎本の「普段うっとうしく感じていた肉体の存在」は、彼女自身が「生きる」ことを肯定することを可能にする「あらたな身体性」であった。そこでは、「わたしの肉体を歓迎」し、「ありのままのわたしを祝福」することが可能になり、「もはやわたしは自身の性に拘泥しなければならないほどの不自由さを抱えてはいない」（榎本　二〇一七：一四五）ような身体性である。このエッセイのタイトル「「性同一性障害」だったわたし」のその「だった」という過去形は、いまや「書く」という行為において飛翔し、生成変化した新たな「わたし」の存在を告げているのではないだろうか――そこでなら病理学的なタームに頼ることなく「わたし」を肯定できる「あらたな身体性」の存在を。榎本の「書く」という行為において生まれた「普段うっとうしく感じていた肉体とは違う肉体の存在」は、エピグラフで引いたサラモンの言葉を借りれば、まさに「物質性の肯定」であり、オルタナティヴな身体性の生産である。それは「物質的身体」を「再意味化」に開き、それによって自己の生存可能性を押し広げる試みである。榎本のテクストに頻出する、あれほど彼女が嫌悪していたはずの「わたし」という人称代名詞の存在は[*10]、「あらたな身体性」を告げる産声の反響なのかもしれない。

＊10　榎本は次のように述べている。「わたしはことに「詩」のなかで人称代名詞、とくに「わたし」と書くことにつよい抵抗を覚えていた。〔…〕日本語の性質——主語を省きながらでも文を組みたてていくことが可能だという側面を利用して、「詩」ではないテクストであっても、「わたし」と書くことを極力避けてきた。なぜわたしは「わたし」と書きつけることにこんなにも苦悩したのか。それはつまるところ、現実存在としての「わたし」それ自体を否定し続けてきたからだ。」（榎本　二〇一七：一四三）

第三章　たったひとつの、私のものではない、私の身体

身体の統一性は、いつも潜在的であり、あいまいである。身体はいつもそれがあるところのものとは別のものであり、いつも自由であると同時に性であり、文化によって変形されるちょうどそのときに自然のなかに根を下ろしており、けっして自己のなかに閉塞しないがさりとてけっしてのりこえられてしまいもしない。

——メルロ＝ポンティ[*1]

身体を生きたものにするのは、その諸部分の並列的寄せ集めではない、といって、自動機械のなかにどこからか精神が天降ってくるということでもない。いずれにせよこうした考えは、まだ、身体それ自体には〈内〉もなければ「自己」もないという前提に立っているのだ。人間の身体があると言えるのは、〈見るもの〉と〈見られるもの〉・〈触るもの〉と〈触られるもの〉・一方の眼と他方の眼・一方の手と他方の手のあいだに或る種の交差が起こり、〈感じ-感じられる〉という火花が飛び散って、そこに火がともり、そして——どんな偶発事によっても生じえなかったこの内的関係を、身体の或る突発事が解体してしまうまで——その火が絶え間なく燃え続ける時なのである。

——メルロ＝ポンティ[*2]

はじめに

「トランスはずーとずーっと、形に悩まされる」（ROS 二〇〇七：一六〇）と、るぱん4性というペンネームのトランスは語っている。「身体の形」――英語で言うところの“morphology”――には胸や性器、骨格、身長に筋肉や体毛、髪の毛、肌の質感や色など様々な身体部位の様態が含まれる。また、身体を広く考えるなら、服装や化粧、アクセサリーなども、身体に対する「付属物」というよりは、身体性の一部をなすものとして「身体の形」に含むこともできるだろう（Weiss 1999: 59）。先述のるぱん4性の言葉の通り、トランスの性別違和やトランジションにおいてつねに問題になっているのは身体の「形」であり、つまり、ある身体の「形」がこの「形」であるがゆえに受け入れ難く、あるいはその「形」を変えることで自らの身体を受け入れることがより可能になったりする。

エッセイ「シンたいわ（身体対話）――わたしのからだはわたしのもの」で、るぱん4性は自分

＊1　メルロ＝ポンティ　一九七五：三二五。
＊2　メルロ＝ポンティ　一九八六：二六〇。

自身の様々な身体部位――頭、顔、肩、腕、声、手、胸、腹、腰、性器、尻、足――と対話することを試みている。そのエッセイはそれぞれの部位のその「形」についての文章と写真から構成されており、それ自体がるぱん4性のアイデンティティの身体的表現のようでもある。なお、性器に関しては、同じ本に所収されている別のエッセイ「まんこ独り語り　性別という属性を捨て、楽になることを選びます」で語られており、というよりも、そこでなされた「自分の身体に向き合うという細かい作業」を「全身やってみよう」という形で実現したのがこのエッセイである（ROS　二〇〇七：六八）。るぱん4性自身が述べているように、「この二十六年間ともにしてきた身体はそれぞれ固有の歴史があ」（ROS　二〇〇七：六八）り、その「それぞれ固有の歴史」が各身体部位に即して語られている。

それぞれの身体部位の写真をあげながら自らの身体を語ることは、当然、そう簡単なことではない。そして、それは、自分の身体をある程度「受け入れる」ことができるのでなければ難しいだろう。実際、るぱん4性自身、「わたしが自分の身体を受け入れるには時間がかかりました」（ROS　二〇〇七：六九）と述べており、ある程度「受け入れる」ことができたからこそ、このような試みは実現可能になったのかもしれない。と同時に、「まるで焦げ付いたフライパンを一週間放置した後、ゴリゴリ削って洗い、楽器として調律し直すようなアクロバットで面倒な作業はほとんど終わったように見えて、まだまだなのかもしれません」（ROS　二〇〇七：六九）という言葉からは、自分の身体と向き合い、対話し、受け入れる過程のなかにいまだあり、このエッセイ自体がその「アクロバットで面倒な作業」の過程の一部であると言うこともできるかもしれない。エッセイの副題にある「わたしのからだはわたしのもの」という言葉は、そのような「作業」の前からあらかじめあった確信というよりも、そのような「作業」の後、あるいはその過程のなかで、芽生えたものであるだろう。

「身体の形」は当然、物質的なものであるが、しかし同時に、想像的ないし心的なものでもある。私たちはある身体の形を女性的／男性的なものとして知覚するものだ。性器の形はもちろんのこと、膨らんだ胸、平板な胸、ごつごつした筋肉や骨格、喉仏、華奢な肩幅、白く滑らかな肌、血管の浮き出た腕……など、それらは私たちにジェンダー・イメージを否応なく喚起させる。そのようなイメージや社会的意味を欠いた身体、白紙のキャンバスのような身体形態は想像することさえ難しいだろう。ジュディス・バトラーが『問題《マター》＝物質となる身体』のなかで「「性別（sex）」を引き受けること〔…〕はそれ自体、そうした身体に形を与えること」（Butler 2011: xxv）であると述べているように、「性別」と「身体の形」は不可分である。トランスの人たちが知っているのは、シスジェンダーの人たちがそこに「性別」を感知することさえない（厳密に言えば、無意識にスルーしている）ようなこの身体の形にもあの身体の形にも「性別」のイメージや意味が執拗に付されているということだ。るぱん4性が胸や性器だけでなく、頭や顔、肩、腕、声、手、腹、腰、足などの部位について語るのは、それらの部位にも「性別」のイメージや意味がつきまとうことをよく知っているからである。そしてまた、「性別」だけでなく人種や年齢、障害をはじめとした様々な社会的規範が渦巻く場こそ、「身体の形」である。「身体の形」は物質的であるだけでなく、想像的なものであり、そしてその「心的生」は深く社会的規範に構造化されており、それらを別々の要素として分節化することさえ困難である。

バトラーをはじめとした本章で言及する理論家たちが共通して指摘していることは、ある「身体の形」を「引き受けること」が主体形成の核心的な問題であるということである。先にみたように、バトラーは「性別を引き受けること」は「身体に形を与えること」であると述べていたが、その同じ箇所で、「身体の形」は「一連の同一化的投影を通じて生起する形態発生である」(Butler 2011: xxv) と述べている。「身体の形」は決して物質的な所与ではなく、「一連の同一化的投影を通じて生起する」。ここでバトラーが述べていることはある意味では以下のフロイトの言葉のヴァリアントでもあろう。すなわち、「自我とは何よりもまず身体的なものであって、単に表面に位置するものであるだけでなく、それ自体が表面の投射ともなっている」(フロイト 二〇〇七:二二)。自我とは「身体的なもの」であり、つまり、身体の「表面」の心的投影が自我である。身体の表面の投影、それこそが「私」を可能にする「同一化」の機制なのである。言い換えれば、「私」という存在があって、この身体の形を引き受けるのではない。むしろ、ある「身体の形」を引き受けることこそが「私」を可能にするのである。

「身体の形」を「引き受けること」が主体形成の核心にあることはまた、あとでみていくように、ジャック・ラカンがその鏡像段階論で示唆していたことでもある。バトラーが言うように、「ラカンの鏡像段階論は〔…〕『自我とエス』におけるフロイトの身体自我の導入の書き直しであると読むことができる」(Butler 2011: 40) のである。私たちは身体イメージ(当然、ある「身体の形」をもった身体イメージ)に同一化することで「私」という主体を形成する。この意味で、「身体の形」は決して主体形成において副次的な問題ではなく、むしろその核心にあるものであるとさえ言えるだろう。そして、ラカンが示している重要なことは、私たちが自分の身体を一個のまとまりをなすものとして引き受ける、そのこと自体が「想像的もの」であるということだ。ゲイル・ワイスが指摘していることだが、私たちは記述上、「身体」と「身体イメージ」という概念をあたかも別々の実体や要素であるかのように用いざるをえないが、しかし、私たちは誰しも自分の「身体」を具体的な「身体イメージ」を介して生きているのであれば、それらは実際のところ分かち難い仕方で生きられているのであって、したがって「身体と身体イメージ」という表現は「逆説的な」ものである(Weiss 1999: 1)。

　トランスに限ったことではないが、しかしトランスの性別違和の経験において色濃く映し出されるのは、この「身体の形」が「私のものではないもの」として、あるいは「私」に嫌悪を抱かせるようなものとして「そこに在る」という経験であり、したがって、この身体の形を「私のもの」として「引き受ける」ことの困難がそこにはある。これはたしかに私の身体である、しかし同時に、それは私のものではない。るぱん4性が述べていたように、「トランスはずーとずーっと、形に悩まされる」のであり、そこでは「私の身体」はいわば、「私のもの」であると同時に「私のものではないもの」として到来する。

それでは、一体、「私の身体」とは何なのだろうか。たしかに、これは私の身体であり、それがなければ、いまこうして文章を書くことさえできないし、私はこの身体を通して世界を経験し、思考している。「私」と「身体」の関係は不即不離の関係にある。しかし、「私の身体」と言うときのこの「私の」とは一体何を意味するのか。「私の身体」とは「私のもの」つまり私の所有物なのか。それは、身体を生きるすべての人たちがそれぞれの差異や固有性をもちながら直面する問いである。あるいは問いを逆転させて投げかけるのであれば、この「身体の形」をなんらの違和もなく引き受けることができる人がいるとすれば、それは一体どんな人たちなのか。また、私たちがこの身体を引き受ける過程が身体イメージへの想像的な同一化を通じてであるのであれば、このことからどんな帰結が導き出されるのか。フェミニストが主張し、そしてまたトランスジェンダーの活動家や理論家たちも主張してきた「身体」や「性別」の「自己決定権」は当然、重要な政治的主張であるが、しかし、「私の身体」は「私」が「決定」するようなものなのか。あるいは別の言い方をすれば、「身体の自己決定権」が「ある一部の人たち」から社会的、政治的に要請されるということは何を意味するのだろうか。つまり、「身体の自己決定権」を殊更に主張する必要を感じない人たちがこの社会的世界に存在する一方で、その必要性を主張せざるをえない人たちが存在するということ自体が、身体が単なる「物質《マター》」ではないことを示唆しているのではないか。身体が「問題《マター》」になる、そのこと自体が私たちに投げかけるものとは一体何なのか。

1

ある「形」をもった身体イメージの構築、そしてその引き受けは「私」という主体の形成そのものの問題である。身体イメージこそ、「私」を可能にするものである。ラカンの鏡像段階論はまさにそのことを語っていると言える。ラカンによれば、幼児ははじめ、ひとつのまとまりをもったものとしては自らの身体を生きてはいない。彼の表現に倣えば、幼児はまず、「バラバラに寸断された身体イメージ」を生きているのであって、それがひとつのまとまりをもった「私」という「全体」として統合されるのは彼が「鏡像段階」と呼ぶ時期を経た後のことである。

> この、自由に動くこともできなければ、栄養も人に頼っているような、まだ口のきけない状態にある小さな子供が、自分の鏡像をこおどりしながらそれとして引受けるということ(assomption)は、わたしというものが原初的な形態へと急転換していくあの象徴的母体を範例的な状況のなかで明らかにするようにみえるのですが、その後になって初めてわたしは他者との同一化の弁証法のなかで自分を客観化したり、言語活動がわたしにその主体的機能を普遍性のなかでとりもどさせたりします。(ラカン　一九九四：一二六。強調原文)

ラカンが述べているように、この「鏡像段階」は「同一化」（ラカン　一九九四：一二六）として理解されるべきものである。私たち人間が自らの身体を一個のまとまりをもったものとして生きることが可能になるのは、鏡に映る身体イメージを「引き受ける」ことによってであるということであり、身体イメージへの同一化を通して「私」が形成されるということである。したがって、「私」はその同一化に先立って存在しているわけではない。

そしてまた、この「鏡像段階」が指し示しているのは、「私」という主体の形成、それがはじめから「想像的なもの」であるということである。というのは、「主体が幻影のなかでその能力の成熟を先取りするのは身体の全体的形態によって」であるが、「その形態はゲシュタルトとしてのみ、すなわち、外在性においてのみ主体に与えられる」ものであるからだ（ラカン　一九九四：一二七）。「身体の全体的形態」に同一化することで「私」が可能になるが、それは外在的なものである。それは、鏡のなかに映るイメージであるという意味で空間的に外在的なものであり、また、この全体性は未熟な幼児が「理想」として「先取り」するものであるという意味で時間的にも外在的なものであり、空間的、時間的、双方の意味において「私」の「外」にある他者である。「私」がそれを引き受け、同一化することによって可能になるところの「私」は、「私」の「外」にある身体イメージなのである。この意味で、「私」はいわば、「私」をとり違えつづけるのだ。ラカン自身が述べているように、「重要な点は、この形態が自我（moi）という審級を、社会的に決定される以前から、単なる個人にとってはいつまでも還元できないような虚像の系列のなかへと位置づけるということ」であり、したがって、「主体の生成に漸近的にしか合致しない」（ラカン 一九九四：一二六－一二七。強調原文）。「私」と「私」が同一化する「私」のイメージのあいだには、カジャ・シルバーマンの言葉を借りれば、解消されることのない「隔たり＝距離（distance）」がつねに存在するのであり（Silverman 1996: 15）、「私」の形成は「漸近的にしか」なしえず、ぴったりと一致することはない。

ラカンの鏡像段階論は幼児の発達段階を記述したものにみえるが、発達段階論としてのみ理解する必要はない。実際、ラカン自身、鏡像段階を「範例的な状況」として記述しており、想像的同一化のプロトタイプを理論化したものとして理解することができる。この点に関して、例えば、ジュディス・バトラーは「鏡像段階とは、自分自身の身体観念がいかにして生まれるかを発達論的に説明するものではない」として、「むしろ、それが示唆しているのは、形態（morphe）つまり形を表面に投影する力が心的に（そして幻想的に）自分自身の身体を作り上げ、仕立て上げ、枠づけることの一部をなしているということである」と指摘している（Butler 2011: 40。強調原文）。バトラーに倣えば、鏡像段階が示唆していることは、ある輪郭や形をもった身体イメージを「自分自身の身体」として引き受ける、その過程を象徴的にドラマ化したものだと言えよう。

先に述べたように、「私」と「私の身体イメージ」のあいだにはつねに「距離＝隔たり」が存在する。言い換えれば、「私」と「私の身体イメージ」がぴったりと一致することはありえない。それは、そのイメージがつねに主体にとって空間的、時間的に「外在的なもの」であるからだ。主体は自己自身から疎外を運命づけられており、ラカンの言葉で言うところの「誤認」を逃れられない。バトラーの言葉を借りれば、それは「私たちが生きることを強いられた錯乱」(Butler 2011: 57) である。そう、「私の身体」は「私のもの」ではありえない。しかし、ここでラカンの鏡像段階論に関して疑問なのは、「バラバラに寸断された身体イメージ」が「身体の全体的形態」へと(たとえそれが誤認や疎外を免れないにせよ)統合されるとき、そこで言われている「身体の全体的形態」とは何なのか。それはいわば、どんな身体をモデルにしているのか。あるいは、「誤認」や「疎外」があらゆる主体において普遍的に生じるにしても、それらはあらゆる主体において等価に生じるのか。「バラバラに寸断された身体イメージ」から「身体の全体的形態」へ――ラカンの鏡像段階論の記述はそのような推移を辿る。ラカンの記述は幼児の生活世界を直接的に記述したかのような印象を与えるものだ。そして、「身体の全体的形態」と呼ばれるものはいわばフラットな、つまり人種もジェンダーも障害もないような「人間＝男(man)」をモデルにしているようにみえる。

ここで手始めに検討したいのは、「バラバラに寸断された身体イメージ」をラカン自身はどのように理論化したのかということだ。ラカンのテクストに戻るなら、「バラバラに寸断された身体イメージ」は臨床を通して浮かび上がったものである。それは「分析の作用が個人の攻撃的な統合解離の一定の水準にまで及ぶと」現れる「夢」であり、その夢では「ばらばらに切り離された四肢という形」や「体内迫害に対して翼をつけ武装するという、体内透視図法で描かれる諸器官の形」で現れる(ラカン 一九九四：一二九－一三〇)。したがって、ここから明白なのは、「バラバラに寸断された身体イメージ」は臨床の結果から理論的に導き出されたものだということである。つまり、「身体の全体的形態」の「前」にあるとされる「バラバラに寸断された身体イメージ」は臨床の「結果」から遡及的に構成された「前」であるということになる。

さらにつけ加えるならば、「バラバラに寸断された身体イメージ」という表現は、「身体の全体的形態」、その統合性が仮定され前提にされることではじめて可能になる表現ではないだろうか。実際、カジャ・シルバーマンは「イメージ、態勢、そして接触を通じた身体の構成に先立っては、身体は薄弱な統一体としてさえ存在しない。実際、「バラバラに」と言うことさえできない。というのは、それらの断片が寄せ集められれば「全体」になるだろうということを含意しているからだ」(Silverman 1996: 22) と述べている。「バラバラに寸断された」という形容は「全体」をあらかじめ仮定することによって成り立つ表現であり、したがって、この意味でもまた、次のように問うことができる。果たして、「バラバラに寸断された身体イメージ」は「身体の全体的形態」の「前」に存在するものなのか、と。むしろ、「身体の全体的形態」と呼ばれているものが遡及的に「前」として生み出し、位置づけるもの、それこそが「バラバラに寸断された身体イメージ」なのではないか。

実際、シルバーマンは次のように述べている。

ラカンは「有機体上の障壁や不和」こそが幼児が「全体的な身体イメージ」の形態を探求する

ことを促すと示唆している。しかしながら、私にはその反対のことが実のところ真であるように思われる。すなわち、一貫した身体自我という観念の場に置かれた文化的な保険こそが、ここで描かれているような肉体的多様体のディストピア的不安をもたらすのだ、と。(Silverman 1996: 21)

どんな身体イメージが「身体の全体的形態」にカウントされ、どんな身体イメージが「バラバラに寸断された」ものとしてアブジェクトされるのか。後者の「バラバラに寸断された」と評される身体イメージは、前者の「全体」という理想化され、規範化されたイメージから排除されることで生み出されるのではないか。ラカンは鏡像段階を「社会的に決定される以前」の段階に位置づけていたが、自我理想の「起源」であるところの「身体の全体的形態」を果たして、「社会性の手前」に位置づけることができるのか。もし、ラカンが「バラバラに寸断された身体イメージ」を患者の夢から類推し導出したのであれば、それは大人の社会的世界、その規範がすでにして投影されたものだと考えることはできないだろうか。

ここで参照したいのが、ゲイル・ワイスの「身体イメージ理想(body image ideal)」という概念である。その用語は明らかに、精神分析理論における「自我理想(ego-ideal)」から着想を得たものである。あるいは言い方を換えれば、彼女がその用語によって明らかにしようとしているのは、自我理想とは身体イメージ理想でもあるということだと言うこともできるだろう。実際、ワイスはフロイトの身体自我の議論に言及しながら次のように述べている。

> そのとき、自我理想は脱身体化されたものとして理解されるべきでも、単なる幻影として理解されるべきでもない。むしろ、それ自身の物質性をもつものとして認識されなければならない。物質性は私たちの肉体的経験に直接的に結びつけられたものであり、そこへのリビドー備給のための手段を提供するものである。実際、自我理想の主要な物質的効果は、私が身体イメージ理想と呼んだものの構築である。自我理想の肉体的な上演＝制定、自我理想の規範的な力がその個人自身の身体イメージに向けられるのは、身体イメージ理想を通じてである。（Weiss 1999: 22-23）

ここでワイスが示しているのは、自我理想とは身体性を欠いた幻影ではないということである。むしろ、自我理想とは「身体イメージ理想」でもあり、個人の身体イメージはその理想の下で形成される。そして、ワイスが主張しているのは、「自我理想は決して純粋に個人的な現象ではな」く、それが「絶えず個人に課す規範的圧力」を認識する必要性である（Weiss 1999: 23）。「身体イメージ理想」という概念によってワイスが示そうとしているのは、ラカンが「身体の全体的形態」という言葉によって中立的・普遍的に示唆したものが実のところジェンダーをはじめとした社会的規範によって構造化されているという点である。

バトラーが「性別（sex）」を統制的理念＝理想（regulatory ideal）として理論化するのはそのため

である。すでに述べたように、「性別を引き受けること」、つまり「女」であるとか「男」であることを引き受けることは、ある「身体の形」を引き受けることである。「性別」とは「典型的な男女」のものとして強固に想像された「身体の形」であり、それが「統制的」であるのはそのような規範の物質化を主体に強制し、「アブジェクトされる身体の領域――すなわち、十分に人間であると資格づけることを挫くことでその統制的な規範を強固にする奇形化の領域」(Butler 2011: xxiv)を生み出すからである。したがって、「身体の境界は差異化の生きられた経験であり、そうした経験において、この差異化はジェンダー差異や異性愛的マトリックスの問題に対して決して中立的なものではない」(Butler 2011: 35)。実際、バトラーはフロイトの「身体自我」の議論に言及しながら次のように述べている。

> フロイトは、「自我とは何よりもまず身体的なものである」と述べ、さらにこの自我は「表面の投射」であると述べているが、それを想像的身体形態と表現し直してもよいだろう。さらに私が言いたいのは、この想像的形態は前社会的あるいは前象徴的作用ではなく、理解可能な形態的可能性を生み出す統制的図式を通じて編成される、ということだ。この統制的図式は、超時間的構造ではなく、問題《マター》＝物質となる身体を生産し、抑制する歴史的に改訂可能な理解可能性の基準なのである。(Butler 2011: xxii)

身体の形、身体イメージ、あるいはここでのバトラーの言葉を借りれば「想像的身体形態(imaginary morphology)」は「自我」ないし「私」を可能にするものであるが、それは「前社会的あるいは前象徴的作用ではなく、理解可能な形態的可能性を生み出す統制的図式を通じて編成される」。個々の身体イメージは、社会が「理想」として強いる「身体イメージ理想」の下で編成されるのであり、「性別」とはそのような「身体イメージ理想」のひとつである。「「性別」とは、〔…〕ある身体に、文化的理解可能性の領域内で生きることの資格を与える規範のひとつ」(Butler 2011: xii)である。この意味で、「性別」をはじめとした統制的な「身体イメージ理想」の下で個々の身体イメージは編成される以上、その「想像的なもの」の水準を「前社会的なもの」として位置づけることはできない。それどころか、バトラーが言うように、「想像的なもの」とはヘゲモニックなものなのだ。

しかし、このことは、個々の身体イメージが「統制的図式」によって決定づけられるということを意味しない。そのような理想的な規範の物質化は「つねに「機能する」わけではない。つまり、つねに社会的理想に完全に順応する従順な身体を作り出すわけではない」(Butler 2011: 34)。「本物の女/男」には誰もなることができないという意味で、「身体イメージ理想」の実現の「失敗」はなにもトランスジェンダーに限った話ではなく、シスジェンダーも直面するものであるし、そしてまた、個々の身体イメージが社会的な「理想」との関係の下にあるとしても、そのような「理想」に従わない、それどころか抵触するような、オルタナティブな身体イメージを形成することは可能である。バトラーが言うように、私たちがその下で身体を生きる「想像的図式は必ずしもひとつではない」（Butler 2011: 53。強調引用者）のであり、「多様な投影の可能性、すなわち身体表面を輪郭描出し演劇化する多様なあり方の可能性」（Butler 2011: 34）が存在する。

るぱん4性が「アクロバットで面倒な作業」の先にたどり着いた、膨らんだ胸を切除し、ヴァギナと「共存」した身体ないし身体イメージは明らかに、社会が「理想」とする身体形態から逸脱し、「非典型的なもの」として排除されているものである。したがって、そのような、社会のなかで「非規範的」とされ、「バラバラに寸断される」身体を生きる者にとって、自らがその身体を「肯定」する作業――るぱん4性が「アクロバットで面倒な作業」と呼んでいたもの――がその「生存」において決定的に重要《マ》になる＝問題《タ》になる。このように「わたしの身体」を「わたしのもの」として肯定することは、ゲイル・サラモンの言葉を借りれば、「私たち自身の身体の単なる物質性以上のものを再構成する、継続的でつねに不完全な労働を引き受けること」であり、「諸々の物質性の生きられた意味を創造し、変換しようと努力すること」である（Salamon 2010: 42、サラモン 二〇一九：六七）。「非規範な身体」を生きる者にとって「諸々の物質性の生きられた意味」の「創造」や「変換」は「生存」の問題であり、言い換えれば、そのような「創造」や「変換」といった「アクロバットで面倒な作業」は、「わたしの身体」が社会によって「バラバラに寸断されて」しまう状況下においてなされるのである。

2

メルロ＝ポンティは『知覚の現象学』において「私の身体」を「始元的な習慣」（メルロ＝ポンティ 一九七五：一六二）と特徴づけているが、この「始元的習慣」は身体イメージの特性を見事に捉えた含蓄に富んだ表現であるように思われる。身体イメージは一個の主体としてのまとまりを与えるという意味で、「様々な習慣のなかのひとつの習慣」と言うことはできないだろう。それはむしろ、様々な習慣の「土台」となるような「習慣的身体」であって、その意味で「始元的」である。それはまた、ラカンの鏡像段階論から私たちが確認したことでもあり、鏡像によって反映される身体イメージは――つねに「誤認」の構造を逃れられないにせよ――「私」というまとまりをもった存在を可能にする。しかし、「始元的」という語感が伝えるものとは裏腹に、その形容詞が修飾するところの「習慣」は先天的なものではなく後天的なものである。身体イメージは「始元的」であるという意味で主体としてのまとまりを与える「土台」のようなものであるが、それは同時に「習慣」であるという意味で決して先天的なものでも生物学的に決定されるものでもなく、他者や社会との関わりや交渉のなかで形成されるものである。この意味で、身体イメージはジェンダーをはじめとした「社会的構築」に完全に還元されるわけではないにしても、それとまったく無縁のものとして考えることもできないものである。例えば、ヘンリー・ルービンは『セルフメイド・メン』で、

「ＦＴＭたちは女になることに抵抗するのであるが、しかし、少女や女性はある特定のタイプの女になることに抵抗するのである。少女と女性はこの文化のなかで性化され対象化される。とくに思春期に。〔…〕しかし、ＦＴＭたちは女でありたくないか、女であることができないのだ——たとえ、彼らの身体があらゆる女性によって尊敬や尊厳が与えられるものだったとしても」（Rubin 2003: 111）。ここで、ルービンはトランスの「性別違和」をシスジェンダーの「性別役割拒否」や「ジェンダー規範への嫌悪」と同一視することに反対していると言える。それは確実に必要な主張だろう。というのは、たしかに、トランスの「性別違和」とシスジェンダーの「性別役割拒否」とは同じではないし、そのような同一視はトランスの経験の固有性をシスジェンダーが横領するよくある手口のひとつであるからだ。しかし、両者に差異があるにしても、果たして、それらをあたかも異なる実体であるかのように、まったく別々に、完全に切り離すことは本当にできるのだろうか。むしろ、そこには「差異」と同時に「連続性」もまたあるのではないだろうか。

「始元的な習慣」というメルロ＝ポンティの表現は、身体イメージの一見相反する、しかし、たしかに事実そうであるような、両義的な特性を掴んだ表現であると言えるだろう。それは言い換えれば、身体イメージは「私」というまとまりを与えるという意味で「始元的なもの」だが、そのイメージは「習慣的なもの」でもあり、したがって、「身体の形」、そのイメージは「前社会的なもの」であると言うことはできない。さらに言えば、身体イメージが「習慣」であるということは、それがいったん完成されれば終わりという類のものではないことをも意味するだろう。むしろ、それは変化に開かれた動的で不安定なものでさえある。ワイスは幻影肢という現象に関して、はじめは、かつて存在し、いまは存在しない腕や足を身体イメージにおいて保持されるが、次第に実際の身体に見合った形の身体イメージへと変形する傾向があることを論じている。このことは一見、身体イメージに対して、「実際の物質的身体」が「優位」であり、いわば「身体イメージに対する物質的身体の勝利」を告げる現象のようにみえる。しかし、ワイスが述べているのは別のことである。彼女によれば、このような幻影肢の消滅という現象が意味するのは、「むしろ、新たな身体形態のイマジナリー、投影、同一化、そして新たな身体の可能性を提供するイマジナリーの構築として理解されるべきである」(Weiss 1999: 37)。ワイスの言葉を借りれば、身体イメージは「構築、破壊、再構築」(Weiss 1999: 17) の不断のプロセスのなかにあるのであり、「幻影肢の消失」は新たな身体イメージの「更新」である。ところで、これに付け加えておくことがあるとすれば、ジェイ・プロッサーが指摘していることだが、四肢を失った人が義手や義足を装着する場合には、興味深いことに、幻影肢を保持している場合の方が義手や義足により適合しやすい。逆に言えば、幻影肢を消失し、新たな身体イメージを更新した場合の方が義手や義足に適合するのに苦労することになると言える。なお、プロッサーは、幻影肢を保持している方が義手や義足に適合しやすいという例と、トランスジェンダーにとっての性別適合手術とのあいだに類似性を指摘している (Prosser 1998: 85)。いずれにせよ、身体イメージは「自分自身の身体の内部の変化や他者の身体、そして全体としての状況といったものに応答して、絶えず構築され、破壊され、そして再構築される動的なゲシュタルト」としてある（Weiss 1999: 17)。本章のはじめに言及したるぱん4性の「アクロバットで面倒な作業」はまさに、ワイスが言うところの身体イメージの「構築／破壊／再構築」の過程として考えることできるだろう。

ここで再びるぱん4性の語りに戻るなら、そもそも、自らの身体、その受け入れがたい身体、その部位を語ることそれ自体はいかにして可能になったのだろうか。身体を「私のもの」として引き受け直し、それについて語ることはいかにして可能になったのだろうか。その問いを考えるとき、るぱん4性の「胸」に関する語り、そして「まんこ」に対する語りが重要になる。そのエッセイのなかで、るぱん4性は胸に関して、「育ってくる間にかなりジェンダーを現す箇所だと学習したらしく、嫌だと思うのはまんこよりも強かった」（ROS　二〇〇七：七四）と振り返っている。そして、それがいかに「気持ちが悪かった」のか、次のように述べている。

胸があった時は、すごい在ることが気持ちが悪かった。机によっかかる時、歯磨きをする時、走る時、お風呂の時、いつでも胸の存在を感じては気持ちが悪くなっていた。それは頭痛や吐き気、胃痛などの心身症状にも表れてきたりもした（中学・高校)。押さえても潰しても隠しても、そこに存在していることが無理だった。わたし自身の中で、胸の意味が絶大だったのだと思う。胸＝女だったのだと思う。女という性的な存在でいることが苦痛だったのだと思う。（ROS　二〇〇七：七四）

このように、るぱん4性にとって、胸はそれが「そこに存在していること」そのものが嫌悪や苦痛を生み出すものであった――そこに「在ること」、それがそこに「在る」と感じることそれ自体が「気持ちが悪い」。たとえ、胸を押さえ、潰し、隠すことで周囲の人間が胸の存在を知覚しなかったとしても、[*3]そしてまた、たとえ自分が「胸＝女」という等符号が社会的に構築されたものだと認識したとしても、そうなのである。実際、るぱん4性は次のように述べている。「セクシュアリティの多様性を知り、性の文化的刷り込みを知り、世の中の性システムをわかるようになった後、ふくらんだ胸はそれだけであって、それ以上でもそれ以下でもないとわかっても、私は自分を胸の気持ち悪さから解放することができなかった」（ROS　二〇〇七：七四－七五）。

そして、るぱん4性は実際に胸を取ることになるのだが、そのことに関して次のように述べている。

自分は頭がおかしいのかと思いつつ、胸を取った。取ってからしばらくして、イヤだったのは

＊3　もちろん、すべてのトランス男性やノンバイナリーが同様の経験をするわけではない。胸を押さえることでその存在を意識せずに暮らすことのできる人もいれば、そもそも小さいために そこまで違和をもたない場合もあるだろう。

GIDなんかではなくて、自分の美的センスからのものだと思うようになった。それはまんこを省みることで共存が可能になったことが大きい。私は社会の中でそういうものとされている膨らんだ胸の意味を拭うには結局取ることしかなかったのだと思うようになった。単なる生物としては取る必要はなかったが、社会的な生き物としてわたしが生きていくには、取らざるを得なかった、ということだ。（ROS　二〇〇七：七五）

このように、るぱん4性は「膨らんだ胸」への意味やイメージが社会的に構築されていることを認識した上で、しかし、「社会的な生き物としてわたしが生きていくには、取らざるを得なかった」と振り返っている。

ところで、この一節に関してここでとくに焦点を当てたいのは、「取ってからしばらくして、イヤだったのはGIDなんかではなくて、自分の美的センスからのものだと思うようになった」という語りである。この語りを理解することは意外に困難であるように思う。この一節を、ひとはどのように読むのだろうか。トランスにとっての性別違和を「美的センス」という「個人の自由な選択」の問題として矮小化するものだと非難するだろうか。あるいは、「GIDなんか」という表現からその背景にある障害へのフォビアを発見して糾弾するだろうか。

るぱん4性にとって、「GID」とは、性別違和を「疾患」や「病気」とみなし、「トランス女性／男性ならこうであるべき」と本質主義的に規定する認識枠組みとして考えられている。るぱん4性自身が述べている例で言うと、例えば、「トランスなら、まんこが嫌いで当然だ（まんこが嫌いじゃないトランスはトランスじゃない）」（ROS　二〇〇七：四一）といったナラティヴがそれである。それは吉野靫が言うところの「GID規範」と言ってもいいだろう。「GID規範」とは、「本物のGIDであるならこう振る舞うべきだとか、パスするためにこういう努力をすべきだとか、髪型や服装が「らしくない」だとか、まさに一挙手一投足にまで及ぶ規範」（吉野　二〇二〇：五九-六〇）のことである。したがって、「GIDなんか」というるぱん4性の表現からは、自分の身体への違和を本質主義的なものとして語ること／語られることへの拒絶を読み取ることができる。そして、るぱん4性の言う「美的センス」とは、この私の身体を社会や規範といった「大きな物語」による意味づけではなく、「私特有の」（ROS　二〇〇七：一五九）意味づけをすることであると言える。「それは別に他人に示さなくてもいい、自分さえ納得し、自分を揺るがせる脅威から守れたらいい、そういうものだった」（ROS　二〇〇七：一五九）。

「美的センス」というるぱん4性の言葉にはその言葉が与える印象よりもずっと、自らの生存に切迫したものが賭けられている。実際、るぱん4性自身、次のように述べている。

私が自分の身体感覚を、自分自身を、取り戻したいと思ったのは、満ち溢れる自己否定感に悩まされたからだと思う。逃げ場のない思考・襲ってくる自己嫌悪・心身症・鬱・自殺願望。自分のことを認めらくても認められない。社会通念として認められないあり方。私は自分の物差しを持つことを許されていなかった（自分でも許してなかった）。

死なないで生きていこうと思った時、私はあらゆる価値観を捨てて、社会や世間を敵に回しても、ホントの意味で、楽になろうと決心できた。（ROS　二〇〇七：四五）

「美的センス」と呼ばれているものはここでは「自分の物差し」と言い換えられていると言ってもいいだろう。そして、その「自分の物差し」は社会からも、そして自分からも「許されていなかった」ものである。そして、その「物差し」の否定が「自分の身体感覚」そして「自分自身」の否定をもたらすのであり、まさに「バラバラに寸断される」のである。

るぱん4性はそのエッセイのなかで「自分の美的センスからのものだ」と思えるようになった一因に「まんこを省みることで共存が可能になったこと」が挙げられている。その語りのなかで、るぱん4性は、「わたしにとって一旦拒否することは、山盛りに積まれた身体に対するイメージ、意味を解体して、自分にとっての意味をつけなおす過程の一つだったと思うんだ」（ROS　二〇〇七：四三）と述べている。「いったん拒否すること」――それはおそらく、「女性器」への嫌悪だけでなく胸の切除を含むように思われる――は単なる拒絶や破壊ではなく、「自分にとっての意味をつけなおす過程の一つ」であり、新たな身体イメージの再構築に結びついているのであり、あるいはワイスが言うように、身体イメージとはこのような「構築／破壊／再構築」の過程のなかにある。したがって、るぱん4性は、自分で自分の身体に「私特有の」「意味をつけなおす」その過程を、「美的センス」という言葉で表現しようとしていると言えよう。そして、「取ってからしばらくして、イヤだったのはGIDなんかではなくて、自分の美的センスからのものだと思うようになった」という語りは、「胸」や「まんこ」への「拒否」、そしてその「共存」のための「再構築」を通して、自分の身体を「私のもの」としてより受け入れることが可能になったことを意味するだろう。

ワイスが述べていたように、身体イメージは「構築、破壊、再構築」の過程のなかにつねにある。るぱん4性が胸を切除し、女性器を嫌悪することで自らの身体イメージをいったん「拒否」ないし「破壊」することは同時に身体イメージの「再構築」へと至るものであり、そして、その「まんこと共存」し胸を切除したるぱん4性の身体ないし身体イメージ——あるいは、「美的センス」、「自分の物差し」——はバトラーの言う「オルタナティブな想像的なもの」であるだろう。身体イメージの「構築、破壊、再構築」といったプロセスは、るぱん4性の表現に倣えば、「まるで焦げ付いたフライパンを一週間放置した後、ゴリゴリ削って洗い、楽器として調律し直すようなアクロバットで面倒な作業」である。そのような「構築、破壊、再構築」の「アクロバットで面倒な作業」を通して、「私」は「私の身体」と対話しつづけるのである。私の身体、それは「私のもの」であると同時に「私のもの」ではない。それは対話を要するなにものかなのだ。そして、その対話は、この社会的世界のなかで「私の身体」をどのように生きることができるかという生存の問題であり、「私の身体」が「非規範的な」身体であるとき、生存は同時に抵抗でもあるのだ。

3

身体イメージは「私」を可能にするが、しかし、それは「私のもの」であるということを意味しない。身体イメージは「他所から」来るのであり、その意味で、私の身体は「私のもの」ではない。ラカンが「誤認」と呼んだものはあらゆる主体において当てはまるのであり、この疎外から自由な主体は存在しない。しかし、すでにみたように、この疎外は普遍的であるのかもしれないにせよ、あらゆる主体に等価に生じるわけではない。ワイスが「身体イメージ理想」ということで示唆しようとしたのは、ラカンが「身体の全体的形態」と呼んだものがジェンダーやセクシュアリティ、人種をはじめとした社会的規範との関係のなかで形成されているということだ。そして、その規範からの逸脱はその主体により過酷な疎外を強いるのであり、あるいは「バラバラに寸断される」。

「わたしの身体はわたしのもの」――そう、るぱん4性はそのテクストの副題で語っていたが、それはファンタジーである、しかし、それは「私」が「私」を生きる上で絶対に必要なファンタジーだ。「わたしの身体はわたしのもの」――多くの人にとってはわざわざ言語化する必要のないごく当たり前なことをはっきりと声高に主張しなければならない人たちが存在する。身体が問題になる――その社会的事実そのものが身体についての私たちの観念に投げかけるものとは何か。

ここで私はドゥルシラ・コーネルの『イマジナリーな領域』の議論を参照したい。コーネルはそのテクストで、まさにラカンの鏡像段階論を理論的支柱としながら「人格」概念を再構築している。それは彼女の言葉を借りれば、「個体化のためのミニマルな条件」を再分節化する試みである。その試みはある意味では、フェミニズムの歴史のなかで主張されてきた「身体の自己決定権」を近代的な主体概念とは別の仕方で再理論化する試みとしても受け取ることができるものである。実際、コーネルは「私たちが自らの身体を有するという観念は、前未来の中に常に留まり続けるものを完成されたものとして想像してしまうファンタジーである」(コーネル 二〇〇六：五三) と述べている。「私のものとしての私の身体」はファンタジーであることをコーネルははっきりと述べており、その主張はラカンの鏡像段階論から導き出されている。それでは、「私の身体」を保護する権利をいかにして理論化することができるのか。

ここでまず触れたいのが、「格下げ (degradation)」という彼女のテクストの鍵のひとつとなっている概念である。「格下げ」とは、「人が性 (sex) あるいはセクシュアリティに関して、文字通り「格付けを下げられること (grading down)」を意味する。「格付けの引き下げ」というのは、人が人格性に値しない、あるいは少なくともより劣った存在の形態として「格付け (grade)」されることであ」り、具体的には、「ある人格を「うすのろとんまな (尻) 女 (dumb-ass woman)」あるいは「おろかなホモ (stupid fag)」とみなすこと」がそれに当たる (コーネル 二〇〇六：一二)。「誰かが自分の「性」のステレオタイプに還元される時、あるいはその「性」についての客体化されたファンタジーを負わされた結果として、平等なシティズンシップに値しないものと見なされ扱われる時、その人物は格下げされたことになる」（コーネル　二〇〇六：一一二）。

ジュリア・セラーノがシスセクシズムと呼んだものはまさにこの「格下げ」の例だろう。「トランスセクシュアルが主に直面する障壁は、単に、私たちが「間違った身体」に生まれたということではなく（そのようなジレンマは私たち自身がアイデンティファイするジェンダーのメンバーの方に性別移行し、そのメンバーとして生きることによって解消されうる）、むしろ、私たちのジェンダー・アイデンティティ、ジェンダー表現、そして性別の身体性といったものが概して、シスセクシュアルのそれらよりも正当ではない、自然ではないものとして見られるということだ」（Serano 2013: 114）。このようなシスセクシズムはいまや、トランス排除的言説においてしばしば出くわすものであり、そこではとりわけトランス女性が標的にされている。「生物学的女性／男性」「身体男性」「男体持ち」といった、トランス排除派の人たちがよく用いる言葉は明らかにトランス女性の実存やアイデンティティをシスのそれよりも「劣ったもの」として「格下げ」するために使用されている。そして明示的ではない仕方で、しかしその裏で確実に、トランス男性的主体の実存もまた「寸断されて」いる。例えば、トランス排除的ラディカル・フェミニストたちが「身体男性／女性」という用語を使って、トランスを定義し、その実存を「格下げ」するそのとき、トランス男性的主体は「身体女性」に還元されることになる。いわば、トランス男性的主体はトランスフォーブにとって「姉妹《シスター》」なのであり、その「友愛」の影でトランス男性性は抹消されているのである。それはトランス女性に対して明示的に攻撃的に働く言説とは別の仕方で、しかし同時に進行している「格下げ」である。

私たちが「わたしの身体はわたしのもの」と主張しなければならないのは、たとえそれがファンタジーであるにしても――そして、ファンタジーだから「重要ではない」ということにはならないのだが――、このような「格下げ」が現になされているからであり、あるいはその「格下げ」が現になされていることの証言である。

「格下げ」が生じるのは私たちを形成するところの身体イメージがワイスが言うところの「身体イメージ理想」によって構造化されているからである。身体イメージは当然「イマジナリーな領域」だが、それはまたバトラーが言うように、ヘゲモニックなものだ。実際、コーネルは中絶やポルノグラフィ、セクシュアル・ハラスメントの議論においていかに女性が「格下げ」を被るかを論じているが、そこで彼女が共通して指摘していることは、「イマジナリーな領域」が「白人男性のイマジナリー」によって構成されていることであり、その下でいかに女性の存在が「格下げ」されるかである。そして、この「格下げ」はまた、シスノーマティヴィティによって構造化されたイマジナリーによっても生じるのである。

コーネルはこのような「格下げ」に反対し、その「格下げ」から保護されるための条件を、「個体化のためのミニマルな条件」と彼女が呼ぶものに訴える。それが意味するところは「身体的統合性」である。すでに述べたように、コーネルはこの「身体的統合性」をラカンの鏡像段階論から導き出しており、したがって「身体的統合性」は一種のファンタジーであり、厳密に言えば「身体」とは「私のもの」ではない。それは、「社会的紐帯、象徴的関係、原初的自己同一化の所与の網の目から一貫性のある自己の意味と自己のイメージを紡ぎ出すことによってようやく可能になる達成物」であり、したがって本性的に「極端に脆い」ものである（コーネル　二〇〇六：五一）。しかし、だからこそ、「身体的統合性」は「保護」される必要があるのだ。

男性と女性は、身体を統合性を有するものとして、つまり自分「自身のもの」として投影することによって、自己自身を創り出す。身体は魂の宿った対象として問題となる＝物質化するのであり、その現実性は常に幻想的な次元を有している。身体的統合性は、ある人間が自分の身体について有する外在化されたファンタジーを通じて実現される。なるほど、自分「自身のもの」としての自分の身体というこの自分の身体というこの外在化された観念が事実上掘り崩されることはありうる。いかなる病気の経験もまざまざとこの教訓を教えてくれる。しかし、厳密に言って、まさにこの身体的統合性の脆さがあるからこそ、それを保護することが決定的に重要になるのである。女性の身体を他人の投影に引き渡すことによって、身体的統合性を投影しうる条件を彼女たちに対して否認することは、自己性の基本的条件を彼女たちに対して否認することである。（コーネル　二〇〇六：六八）

「私のもの」として投影される「身体的統合性」は「ある人間が自分の身体について有する外在化されたファンタジーを通じて実現される」。したがって、その「統合性」は本性上「脆い」ものであるが、しかし、それが「脆い」からといって、その「統合性」が「自己性の基本的条件」であることに変わりはない。むしろ、その「脆さ」は、「わたしの身体はわたしのもの」という「身体的統合性」が脅かされ、否認されることに対する「保護」の必要性を訴えるのである。

身体イメージは明らかに、「ひとつ」ではない。私たちはこの社会のなかで、それとの関係のなかで、それぞれに固有の仕方で様々な身体イメージを現に生きている。胸の膨らみが嫌悪の対象であるため切除したい人もいれば、男性的なジェンダーないしノンバイナリーを生きたい人でも胸の存在がそれほど気にならない人もいるだろう。しかし、それでも、それらの多種多様な身体イメージは、社会的規範のなかで「バラバラに」切り刻まれるのであり、「非典型的な」身体として「格下げ」される。「わたしの身体はわたしのもの」――それはこのような状況下で振り絞られる叫び声である。

それでは、「私の身体」が「格下げ」され、それに対して「わたしの身体はわたしのもの」と叫ぶとき、いったいどのようなことが求められているのか。この点に関して、コーネルは次のように述べている。

私たちが自らの身体を有するという観念は、前未来の中に常に留まり続けるものを完成されたものとして想像してしまうファンタジーである。それゆえ、私たちの自己としての身体的統合性に対する脅威から「自分自身」を守るためには、私たちは自分の一体性を投影している先である

未来を守り、自分の身体的統合性を他者に尊重してもらわねばならない。（コーネル　二〇〇六：五三）

「わたしの身体はわたしのもの」――その主張は自分の身体に対して単に所有権を主張するものではない。それはコーネルの言葉を借りれば、「一つの自己としての生き残りのために依拠している未来の他性の承認」（コーネル　二〇〇六：五四－五五）を要求する主張なのだ。「わたしの身体はわたしのもの」と主張しなければならない人の身体が「わたしのもの」として守られるためには、現行の規範――「わたしの身体」を「非典型的なもの」として「格下げ」する規範――の批判的解体を必要とするのであり、したがって、自分の身体が「わたしのもの」として十分に承認される「未来の他性」を要求する。私たちの「アクロバットで面倒な作業」――自らの身体と対話しながら、この身体をいかに生きるかを模索する試み――が語り、要求しているのは、「未来」――そこでなら呼吸できる、そこでなら自らの身体が寸断されることなく承認される、そのような未来――である。

第四章　パスの現象学——トランスジェンダーとサルトルの眼差し

地下鉄車内二十の眼球が性別を判断してくる

――堀田季何[*1]

身体はもはや「ただそこに在る」ことを許されない。

――たかぎ[*2]

はじめに

漫画『ここはいまから倫理です』に、Xジェンダーの学生である沖津叶太が登場する。Xジェンダーとは、男女いずれか一方ではないジェンダー・アイデンティティを生きている人のことである。そのXジェンダーのひとりである沖津は周囲から「男なのに化粧をしている」など、好奇や軽蔑の眼差しを向けられている。この漫画の主人公で教師の高柳との「倫理」の授業のなかで、J＝P・サルトルの「地獄とは他人のことだ」という言葉が紹介される。その思想に触れて、沖津が「なんとなく分かる気がする」と感じている場面がある。その言葉が紹介されるストーリーそのものは沖津よりも井上花琳という別の学生のエピソードが主題になっている。しかし、他者の眼差しに振回される井上に、沖津は当初ほとんど関心を示していなかったにもかかわらず、ある出来事とサルトルの言葉に触れたことをきっかけに次第に心を開くようになる。そこにはおそらく、沖津自身の、他者の眼差しをめぐる経験が井上の経験と折り重なっていく様子を看取できるだろう。本章で

＊1　堀田　二〇二一：四六。
＊2　ROS　二〇〇七：六五。

の議論はトランスジェンダーにとっての他者からの眼差しの経験について考察するものであり、また、その経験に関してとくにサルトルの思想からアプローチするものであるが、その試みは、『ここはいまから倫理です』のこの物語においてはどちらかというと後景化されている沖津の経験をむしろ主題化する試みだと言えるかもしれない。

『ここはいまから倫理です』でも描かれているように、私たちは他者からの眼差しをまったく意識することなく自らの身体を生きることはできない。むしろ、私たちはこの社会的世界において、何気ない所作のひとつをとっても絶えず他者の眼差しを気にかけているし、そして、その眼差しはときに私の身体に刺さる。本章で中心的に取り上げることになるサルトルにとって、眼差しとは「対象化」である。眼差しによって、「私」という存在は自らの意志とは無関係に他者によって対象化され、一個の事物として凝固される。「地獄とは他人のことである」というのは、他者の眼差しが私の存在を一個の事物として対象化し、そこに私を閉じ込めるからである。

他者からの眼差しが「私」にとって「地獄」であるのならば、このことはとりわけトランスジェンダーの経験に当てはまると言えるかもしれない。トランスジェンダーにとって、他者の眼差しとは自分の性別が絶えずジャッジされる試練である。このことはとりわけトランスジェンダーの「パス」という実践に認められるだろう。「パス」とは、出生時に割り当てられた性別が他者から「読み解かれる（リード）」ことのないように行われる実践である。例えば、トランス女性が周囲から「女性」として認知されたなら、それは「パスした」と言われ、反対に「トランスであること」が露見した場合はリードされた（「パス」に失敗した）とされる。したがって、パスの実践はつねに他者の眼差しに取り巻かれていると言える。パスにおいて他者の眼差しは絶えず現前しており、その眼差しは、私自身がどんなジェンダーを生き、感じているかとは無関係に私の身体をジャッジするのである。[*3]

本章で私が主張したいのは、このようなトランスジェンダーの眼差しの経験を考える上でサルトルの『存在と無』における身体論が有用な視角を提示しているということである。他方でまた、トランスジェンダーの経験を捉えるために、サルトルの議論は拡張される必要がある。その際に、私はフランツ・ファノンやミシェル・フーコー、そしてジュディス・バトラーらの議論を援用することになるだろう。これらの考察を通じて私が示したいのは、トランスジェンダーにとって「眼差し」はいかに経験されるのかという問題である。そして、この「眼差し」の議論から、改めて、一般に「物質的なもの」とされている「性別《セックス》」とは何かを問うことが本章の主題である。

＊3　もちろん、パスに対するトランスの考えや感覚は様々であり、一概にまとめてしまうことはできない。以下では、鶴田（二〇〇九）からいくつかの事例を取り上げるが、それはトランスの経験を一般化することではなく、それぞれの経験の背景にある構造を考察するためであることをここで断っておきたい。

1 「自分自身の身体によって困らされる」——サルトルの「対他-身体」論

身体と眼差しの関係はいかなるものか。そして、身体と眼差しの関係はトランスジェンダーにおいてどのように経験されるのか。あるいは別の言い方をすれば、沖津がサルトルの「地獄とは他人のことである」という言葉に対して「なんとなく分かる気がする」と感じるのはなぜなのだろうか。これらの問いを考察する上で、私たちはまずサルトルの『存在と無』における身体論を参照しよう。[*4]

そこでまず確認しておくべきは、サルトルにとって身体とは単なる一個のモノではないということである。私たちは一般に、身体を単なるひとつの物質として捉える傾向にあるが、まずこの点について批判的に検討しておく必要がある。事実、サルトルは、身体の問題が「往々にして曖昧にされている理由は、われわれが、はじめから身体を一種の事物ときめてかかり、これにはそれ自身の法則があり、外部から規定されうるものであると見な」すからであると指摘している（Sartre 2017: 413、サルトル 二〇〇八：二一九。強調原文）。だが、このような「物質的対象としての身体」、すなわち「神経系、脳髄、腺、消化器、呼吸器、循環系などから構成されている対象」（Sartre 2017: 413、サルトル 二〇〇八：二一九）としての身体は「私にとってあるがままの、私の身体」（Sartre 2017: 413、サルトル二〇〇八：二一九。強調原文）ではない。

サルトルは身体を、少なくとも二つの存在論的次元に分けて理論化している。ひとつは「対私的身体」であり、それは「私にとってあるがままの私の身体」を意味する。いまひとつは「対他身体」であり、それは「他者から見られたものとしての私の身体」である。サルトルがその身体論でまず批判しているのは、身体をただ対象として、ただ「対他身体」の次元でのみ捉える傾向である。サルトルは「医師が見るものとしての私の身体」を例を挙げて、次のように述べている。

> 医者が私の身体についてもつことのできた経験から出発することは、世界のただなかにおける私の身体、他者にとってあるがままの私の身体から、出発することである。私にとってあるがままの私の身体は、世界のただなかにおいて私にあらわれるのではない。なるほど、私は、レントゲン検査の最中に、私の椎骨の影がスクリーンにうつるのを、私自身で見ることができた。けれども、私は、そのときにはまさしく外に、世界のただなかに、存在していたのである。私は、まったく出来上がった一つの対象を、他の「このもの」たちのあいだにおける一つの「このもの」としてとらえていた。私がこの対象を取り戻して私のものたらしめたのは、単に、一つの推理によってである。(Sartre 2017: 414、サルトル 二〇〇八:二二〇。強調原文)

＊4 サルトルの『存在と無』からの引用に際しては、松浪信三郎訳『存在と無——現象学的存在論の試み』(ちくま学芸文庫)を参考にした。

医者が捉える私の身体とは、「私にとってあるがままの私の身体」ではなく、「他者にとってあるがままの私の身体」であり、後者の身体は「世界のただなかにおいて」「他の「このもの」たちのあいだにおける一つの「このもの」」として捉えられた対象としての私の身体である。サルトルが示唆しているのは、私たちは自分の身体をはじめから物質的な対象として知覚するのではなく、むしろ、そのような知覚は後から、遡及的に「一つの推理」によって成し遂げられるということである。

このことは、サルトルが提示している幼児の例を参照するとわかりやすい。サルトルが指摘しているように、「幼児は、自分で自分の手をにぎったり、自分で自分の手を見たりすることを知るよりも、ずっと以前に、にぎったり、ひき寄せたり、押しやったり、つかんだりすることができる」(Sartre 2017: 483、サルトル　二〇〇八：三五八)。幼児はその身体をまず「生きる」あるいは「経験する」のであって、その手や足を「一個の対象」としてはじめから認識しているわけではない。サルトルによれば、幼児が「生きられた身体」(ないし「対私的身体」)と「他者から見られたものとしての身体」(ないし「対他身体」)とを一致させるためには、「この幼児が、他者の身体についての認知を自分でやりはじめたのでなければならない」のであり、「それゆえ、私の身体についての知覚は、時間的順序からいえば、他者の身体についての知覚の後に置かれる」のである(Sartre 2017: 483　サルトル　二〇〇八：三五八)。

これらの例から明らかなのは、私は自分の身体をはじめから一個の対象物として捉えているわけではないということである。むしろ、身体はまず「認識される」のではなく「生きられる」のであり、それが「一個の対象」として私に知覚されるのは眼差しの結果＝効果であるということである。サルトルにとって、他者の眼差しは私の存在を一個の対象物として凝固するものであり、同様に、私が他者に向ける眼差しも他者の存在を対象化するものである。したがって、私が自分自身の身体を一個の対象物として捉えるのは、このような眼差しを自分自身に向け直すことによってであり、言い換えれば、他者の観点から私の身体を見ることによってなのである。それは「認識の秩序」（Sartre 2017: 414、サルトル 二〇〇八：二二〇）あるいは「時間的順序」からいえば「他者の身体についての知覚の後」に起こるのである。

ここで最後に、「小心者」や「赤面恐怖症」についてのサルトルの記述を取り上げたい。というのは、その記述はトランスジェンダーの身体経験を考える上でひじょうに有用であるように思われるからである。

> 彼〔小心者：引用者注〕は、自分にとってではなく他人にとってあるような自分の身体について、不断の鋭敏な意識をもっている。この不断の居辛さは、私の身体が取り返しのつかないものとして他有化〔＝疎外：引用者注〕されていることの把握であるが、悪くすると、これが赤面恐怖症というような精神病の原因になることもある。（Sartre 2017: 476、サルトル 二〇〇八：三四四）

サルトルによれば、小心者や赤面恐怖症者は「自分自身の身体によって困らされている」（Sartre 2017: 476、サルトル　二〇〇八：三四四）が、「実をいうと、この表現は適切でない。というのも、私が私の身体を存在しているかぎりでは、私は私の身体によって困らされることがありえないからである。私を困らすはずなのは、他者にとって存在しているかぎりにおける私の身体である」（Sartre 2017: 476、サルトル　二〇〇八：三四四。強調原文）。したがって、「彼が絶滅させたいと思っているのは、彼の「対自－身体」〔ないし対私的身体：引用者注〕ではなくて、「他有化された－身体」のこのとらえられえない次元である」（Sartre 2017: 477、サルトル　二〇〇八：三四五）。

　このように、「小心者」や「赤面恐怖症者」は「自分自身の身体によって困らされる」のだが、彼／女らは正確には「他者にとって存在しているかぎりにおける私の身体」によって「困らされる」のである。第三節でみていくように、私たちはこの構造をトランスジェンダーの経験においても見出すことができる。そして、さらに言えば、サルトルが指摘していた「私の対他身体」の「とらえられなさ」に関しても、第三節で考察するトランスジェンダーの経験においてより明瞭に示されることになるだろう。しかし、その考察に進む前に、これまで考察してきたサルトルの理論をファノンとフーコーの議論を通して批判的に拡張することを試みたい。

2 眼差しと権力

これまで考察してきたサルトルの議論を敷衍するならば、例えば医者が捉えるような生理学的、生物学的身体、あるいは、私たちが「客観的で物質的な身体」と考えているようなモノとしての身体は、「他者から見られたものとしての身体」であり、その極限的な抽象物であると言えるだろう。それは「認識の秩序」あるいは「時間的順序」から言えば最後にくるものであって、したがって厳密には所与の自然的実在と言うことはできない。たしかに、私たちの身体が生理学的、生物学的構造をもつことは明白だが、それは眼差しの結果＝効果として知覚され、認識されるものなのである。

本節で考察したいのは、このような「身体の客観化」（あるいは、ジュディス・バトラーの言葉を借りれば「身体の物質化（materialization）」）が同時に規範化の過程でもあるということである。したがって、私はここでサルトルの理論からやや離れて、眼差しを権力や規範の問題として考察してみたい。そこで導入したいのが、ファノンやフーコーの議論である。

まず、ファノンの以下の経験を取り上げるところからはじめよう。ファノンは『黒い皮膚・白い仮面』で次のように述べている。

「ほら、ニグロ！」。それは通りがかりに私を小突いた外的刺激だった。私はかすかにほほえんだ。

「ほら、ニグロ!」。それは事実だった。私は面白がった。
「ほら、ニグロ!」。輪は次第に狭まった。私はあけすけにおもしろがった。
「ママ、見て、ニグロだよ、ぼくこわい!」。こわい! こわい! この私が恐れられ始めたのだ。私は腹を抱えて笑おうとした。だが、そうできなくなってしまっていた。

もう駄目だった。というのは、さまざまな伝説、作り話、いや歴史そのもの、そしてとくにヤスパースが私に教えてくれた歴史性が存在することを私はすでに知っていたからである。身体図式は四方からの攻撃を受け崩壊し、人種的皮膚的図式がとって代わった。汽車の中ではもはや私の身体の第三人称での認識ではなく、三重人格としての認識を行わなければならなかった。汽車の中では、ひとは一人分どころか、二人、三人分の席を私にあけてくれたのだった。もう私はおかしがりはしなかった。世界の熱っぽい座標軸は見つからなくなってしまった。私は三人分存在していた。場所をとりすぎていたのだ。私は他者を求めた……。敵意を含んだ、しかし影の薄い、透明で不在の他者はそっと遠ざかり姿を消すのであった。吐き気が……。

私は私の身体、私の人種、私の父祖の責任を同時に負っていた。私は自分の身体の上に客観的なまなざしを注いだ。私の肌の黒さを、私の人種的な特徴を発見した。――そして、人喰い、精神遅滞、物神崇拝、人種的欠陥、奴隷商人といった言葉が耳をつんざいた。そしてとくに、そうだ、とくにあの「おいしいバナニアあるよ」が。(ファノン 二〇〇四:一三一-一三二)

このファノンの記述が私たちにとって重要なのは、ファノンは自らの身体に「客観的な眼差し」を注ぐことではじめて自分の「肌の黒さ」を「発見した」という点である。先に確認したサルトルの用語に倣えば、ファノンの「黒い身体」は「対私的身体」においては現前しておらず、「対他身体」の次元においてはじめて現前するのだと言えるだろう。言い換えれば、ここでファノンは自らの身体を「白人の眼差し」で見ているのであり、ここで言われている「客観的な眼差し」とは実際には「白人の眼差し」のことなのである。ファノンが「自分自身の身体によって困らされる」のは「他者にとって存在しているかぎりにおける私の身体」によってであり、この場合の「他者」とは「白人」であり、引いては「白人中心主義的な社会」そのものである。

したがって、ファノンにとって「客観的な眼差し」は自己疎外の経験である。たしかに、サルトルの眼差し論においても、対他身体は他者によって一方的に自己の存在が対象化される経験であり、この意味で疎外の経験である。しかし、サルトルの理論においては、この疎外は主体の普遍的な経験の構造とされており、そこでは権力や規範の問題は後景化されていると言える。しかし、まさにファノンが「人種的皮膚的図式」という言葉で示しているのは、身体は権力によって構造化された身体図式によって取り巻かれ、その図式の下で知覚されるということである。「客観的な眼差し」とは普遍的で超歴史的なものではなく、むしろ、ある権力によって規範として形成された身体図式の下で構造化されているものなのである。

このように、眼差しは実は客観的で中立的なものではなく、権力や規範によって構造化されている。ここで、私たちはフーコーの『監獄の誕生』を参照すべきだろう。彼が『監獄の誕生』で分析したパノプティコンを例に取り上げよう。パノプティコンとはベンサムが考案した監獄施設であり、中央に塔を配した円環上の建築物で、中心の塔からは周囲の独房を一望できるように設計されている。そこでは囚人はつねに見られていると感じ、たとえ塔に看守がいなくとも囚人からはその存在が見えないため、見られているとつねに意識せざるをえない作りになっている。囚人は対象化（ないし「個人化」）され、他方、看守の側は見られることがない。その結果、「可視性への永続的な自覚状態」（Foucault 2010: 234）が囚人に植えつけられるのであり、囚人は看守の眼差しを内面化し、その眼差しを自ら自己の身体や行為に注ぐのである。囚人は自己の身体を自ら他者の観点から見、そして自己を規律するようになるのだ。このことはフーコーにとって、パノプティコンという「特殊な」施設にのみ当てはまることではない。むしろフーコーにとって、パノプティコンは彼が「規律権力」と呼ぶものの「図解《ダイアグラム》」（Foucault 2010: 239）であり、その象徴的な例にすぎない。『性の歴史I――知への意志』では、この規律権力はセクシュアリティの規律・管理に関わるものでもあるとされる。

したがって、フーコーにとって、眼差しとは権力の装置のひとつであると言えるだろう。私たちは眼差しを自己に向けることで、自己の身体や行為を規律するのである。眼差しとは、私たちが自由に行使できるものではない。私が私の身体を見る場合においてさえ、その眼差しは他者の眼差しを内面化したものであり、そして、この眼差しは権力との関係のなかで形成されるのである。フーコーは直接論じていないが、このような規律権力としての眼差しは明白にジェンダーの問題に関わるものだろう。サルトルはその眼差し論のなかで、鍵穴から女性を覗く男性の例を挙げているが、この例は、彼の異性愛的なセクシュアリティ観、及び女性を対象化する男性中心主義を示すものとして批判にさらされてきた。だが、この記述は反対に言えば、眼差しがジェンダーをはじめとした規範によって構造化されていることを示す例として批判的に読み直すこともできるだろう。鍵穴から覗く男性の眼差しは女性を「性的対象物」とする点で、明白にミソジニーとヘテロセクシズムの構造をもつものであり、したがって彼の眼差しはジェンダー規範によって構造化されていると言える。

ジェンダーとの関連でもっとも「客観的な物質」と考えられているのがセックスであるが、私たちは第四節で、このセックスにもまた「身体の客観化＝規範化」の構造が認められることを考察することになるだろう。だが、その前に、サルトルの眼差しの理論がいかにトランスジェンダーの経験を考察する上で有用なものであるかをみていく必要がある。

3　トランスジェンダーと眼差しの問題

本章における試みは、トランスジェンダーはいかに眼差しを経験するのか、そして、その経験の構造を考察するためにサルトルの身体論はどのように役に立つのか、という問いを考察するものであった。この節では、これらの問いを考える上で、鶴田幸恵（二〇〇九）が記述しているMさんというトランス女性の「パス」の経験を取り上げよう。

Mさんは〝パス〟が〝まだ不十分〟だと思っている理由を、〝どう見ても〟顔が〝男〟だからだと述べた。私はそんなことはないだろうと思い、異議を唱えた。それに対してMさんは、〝まだ不十分〟だと思っているのは、〝自分自身〟が〝男のときの顔〟をよく知っており、それがどうしても透けて見えてしまうからだと述べている。（鶴田　二〇〇九：八八）

鶴田が述べているところによれば、このトランス女性は他人から見れば十分にパスしている。それでも、Mさんは「かつて男だったときの自己」の「痕跡」を見出し、それゆえ「十分にパスできていない」と感じてしまう。このとき、「かつて男だった自己」を探り出すこのMさんの自己に対する眼差しは、具体的な他者よりもいっそう厳しい眼差しを向ける他者であると言えるかもしれない。実際、別のトランス当事者のLさんは次のように述べている。「最後には自分が一番厳しい採点者だよね。他の人が平気だよって言っても」（鶴田　二〇〇九：八六）。それは「自分が男のときの顔を一番よく知ってる」（鶴田　二〇〇九：八七）からであり、それゆえもっとも厳しい「採点者」として自己の身体に眼差しを向けるのだ。

サルトルが赤面恐怖症者に関して述べていたのと同様に、トランスは「自分自身の身体によって困らされる」のだが、その身体とは「他者にとって存在しているかぎりにおける私の身体」であり、言い換えれば、他者の観点から自己の身体を見るときにトランスは「自分自身の身体によって困らされる」のである。そして、サルトルは「他者にとって存在しているかぎりにおける私の身体」を「とらえられないもの」と特徴づけていたが、この「とらえられなさ」は、上でみたMさんの事例に顕著に現れていると言える。まさに彼女が躍起になって「かつて男だった自己」を探し出し、それを消去しようと努めるのは、「他者にとって存在しているかぎりにおける私の身体」が私にとってはとらえ難いものだからである。実際、鶴田が観察しているように、「Mさんは、〃理想があるわけではない〃と私の予測を否定し、それは〃漠然〃とした〃きりない〃ものであると説明を加えている」（鶴田 二〇〇九：八九）。

性別違和とはサルトルの用語法に倣って言えば、「対私‐身体」と「対他‐身体」の不一致であると言えるかもしれない。しかしながら、「私にとってあるがままの私の身体」と「他者から見られたものとしての私の身体」との不一致が性別違和だと言うのであれば、それはまだ不十分な特徴づけである。というのは、すでにみたように、そのズレや不一致を誰よりも意識しているのはその当人自身だからである。まさに、この当人自身の不一致への違和や嫌悪が高まれば高まるほど、それはときに実際の身体的な性別移行を促していくのであり、ときにそれは整形手術をも促すものになる。だが、この私、すなわち、「私の身体」を誰よりも厳しくチェックしジャッジする「採点者」としての「私」、私の身体に「客観的な眼差し」を向ける超自我のような「私」とは、実は私ではないのではないか。私のジェンダー化された身体をジャッジするために「客観的な眼差し」を向ける「私」とは、実は、ジェンダー規範的な社会という他者の代理であり、その体内化なのではないだろうか。性別違和の経験において、「他者の眼差し」は「自己の身体に対する私自身の眼差し」として内面化されているのではないか。性別違和とは「対私身体」と「対他身体」の不一致であるが、この「対他身体」は単に「他者から見られた私の身体」であるというだけでなく、「私が見るものとしての私の身体」でもあるのではないだろうか。

　ところで、このようなジェンダー化された身体に向けられる眼差しはトランスジェンダーの人だけが経験する眼差しでは決してない。むしろ、この眼差しは大多数のシスジェンダーの人たちが普段、無意識のうちに行い、経験している実践でもある。例えば、道ですれちがう人の性別を判別する実践がまさにそれにあたる。私たちは日常生活において、道ですれちがう人たちの性別をほとんど無意識的に判別している。その際、私たちはいちいち相手の性器を確認したり、その人のアイデンティティを問い質したりはしない。むしろ、髪型や服装、仕草から、私たちは瞬時に相手の性別を判断している。このような性別を判断する眼差しはシスジェンダーの人も日常的に行うものであり、そして、たとえ無意識的であれ、そのような他者からの判断を推測して生活しているはずである。

　鶴田はこのような「他者の性別を見る」実践を「外見以上のものを見る」実践と呼んでいる。「私たちが他者を女／男だと見ることは、単に外見を見るというだけでなく、その人が女／男「であること」を見るということである。その人が女／男に見えるなら、その人が、ヴァギナ／ペニスを持っていると、また女／男としてこれまで生きてきた歴史があると想定するのだ」（鶴田 二〇〇九：一〇五。強調引用者）。それが「外見以上のものを見る」実践であるのは、「外見」からそれ以上の情報を引き出しているからである。

例えば、「スカートを履いている人」は往々にして女性だろうが、その人が「本当に」女性であるかは本来断言できるものではない。というのもサルトルが言うように、他者認識とは畢竟、蓋然的であるからである。「私の耳にはいってくるあの歌声が、人間の声であって、蓄音機の歌ではないということは、ただ単に憶測的であるばかりでなく、蓋然的である。また私の知覚している通行人が、一人の人間であって、人間そっくりのロボットではないということは、無限に蓋然的である。いいかえれば、私が他者を対象としてとらえるとき、その把握は、蓋然性の閾を出ること」はない（Sartre 2017: 351。サルトル 二〇〇八：九二。強調原文）。サルトルがもちだしている例は極端なものだが、しかし、私が街で見かけた人が「人間そっくりのロボットである」という可能性はただ相手を一瞥するという実践からは決してゼロにはならない。その判断はあくまで蓋然的なものだからである。「スカートを履いている人」の例に戻れば、たしかにその人は往々にして女性だろうが、その人が「女性ではない」という可能性は決してゼロにはならない。言い換えれば、「ある人がスカートを履いている」という事実の観察から、「その人は女性である」という判断へのあいだにはつねに飛躍が存在するのだ。私たちは実は日常生活においてこのような「飛躍」を日々実践しているのであり、鶴田の言葉を借りれば「外見」から「外見以上のもの」を構成しているのである。

　トランスのパス度のチェックはしたがって、「特殊な行為」ではない。それは、社会が要求し、日々行われている「外見以上のものを見る実践」を自己に対して自覚的、意識的に行っているにすぎないのである（逆に言えば、シスジェンダーにとっての自らのジェンダー表現はトランスのパスの実践と比較して言えば「無意識下で行われるパスの実践」と言えるだろう）。人は、広い意味での身体的特徴からその人の性別を「一つの推理」によって判断ないし構成するのであり、パスはそのような「推理」を他者から引き出そうと自覚的に行われる実践である。そして、Mさんがそうだったようにパスの追求が「際限のないもの」として現れるのは、サルトルが述べていたように、「他者から見られるものとしての私の身体」が私にとって原理上「とらえられないもの」だからである。「如何せん、私の対他‐身体は、原理的に、私の手の届かないところにある。私がそれを我有化しようとしてこころみるすべての行為は、逆に、私から脱出し、私からの距離において、「対他‐身体」として凝固する」（Sartre 2017: 477、サルトル　二〇〇八：三四五）。したがってサルトルが述べているように、「われわれのあるがままにわれわれを見る」ことは私たちには「不可能」である（Sartre 2017: 477、サルトル　二〇〇八：三四六。強調原文）。なぜなら、私が私の身体を見るとき、私は他者の観点から見ているからであり、それゆえ、この「他者から見られたものとしての私の身体」は原理上「私の手の届かないところにある」からである。「私にとってあるがままの私の身体」と「他者から見られるものとしての私の身体」の完全な一致は原理的に不可能であり、そのため、パスの実践は

「際限のないもの」として現れうるのである。

4　威圧的な眼差し——あるいは、「統制的理念」としての性別

トランスがそのパスにおいて直面するのは、他者の「外見以上のものを見る」眼差しだった。周囲の他者は様々な「外見」の指標から「性別」という「外見以上のもの」を読み取り、トランスはパスの実践によって自身が望む「性別」を他者から引き出そうとする。これらの眼差しにおいて問題になっているのは当然「性別」であるが、そもそも「性別」とは何であるのかに関してここまで考察してこなかった。いまや、私たちは「身体と眼差し」の理論から、ジェンダーとの関係でもっとも「物質的」で「客観的」とされているセックス（生物学的性差）——もっと言えば、性別《セックス》そのもの——とは何か、という問いに取り組むことができる。したがってここでは、サルトルの眼差しの理論から、「性別」とは一体何であるかを改めて考察し、そして、それはトランスへの眼差しにどのように関係しているのかについて考察したい。

サルトルの理論に従えば、医師が捉えるような「客観的な物質的身体」とは所与として存在するのではなく、むしろ、眼差しの結果=効果として形成されるものである。したがって、「物質的な身体」として社会のなかで共有されているものは、眼差しによって対象化された身体の理念的な抽象物と言うことができる。私たちはこのサルトルの議論を、彼が考えもしなかった仕方で用いるこ

とができる。すなわち、「物質的事実」と考えられている「性別（sex）」とは、このような眼差しの結果＝効果として形成された「統制的理念（regulatory ideal）」である、と。それは、「外見以上のものを見る」眼差しによって形成された理念的な構築物であると同時に、そのような眼差しを規制する「統制的理念」として働くのである。

実際、前節でみたように、例えば道ですれちがう人の性別を判別するような場合、性別とは眼差しによって遡及的に「一つの推理」によって構成されるものである。鶴田が述べていたように、私たちは「その人が女／男に見えるなら、その人が、ヴァギナ／ペニスを持っていると、また女／男としてこれまで生きてきた歴史があると想定する」のである。この社会を生きる大多数の人たちは性別を自然的所与とみなしている。しかしサルトルに倣って言えば、セックスという「客観的で物質的な身体」は「認識の秩序」及び「時間的順序」の観点からいえば最後にくるものなのであり、したがって、セックスとは身体を対象化する眼差しの効果＝結果として形成された理念的な抽象物であると言える。それが理念的なものであるのは、とりわけセックスの本質として参照される性器さえ厳密に生物学的には二分できないという事実からも明白である。セックス――要するに社会のなかで「性別」と考えられているもの――は「所与の事実」ではなく、「理念」として社会的に形成されるものなのである。

このように、セックスは眼差しの効果として形成された社会的理念である。だが同時に、セックスは「他者の性別を判別する」眼差しの目標として、その眼差しそのものを統制し、方向づけ、構造化するものでもある。つまり、それは「他者の性別を判別する実践」そのものと分けることができない。この意味で、セックスとは「理念」であるが、それはより厳密に言えば「統制的理念」なのである。バトラーが次のように述べているように、「セックスは統制的理念であって、その理念の物質化が強いられるような統制的理念である。そして、この物質化は大いに統制された実践を通して生じる（あるいはそれに失敗する）」（Butler 2011: xii）。

フーコーは『性の歴史I――知への意志』で、まさにセックスのこのような「統制的理念」としての性格を浮き彫りにしている。フーコーによれば、セックスは「セクシュアリティの装置のなかでもっとも思弁的かつ観念的で、もっとも内面的ですらもある要素」（Foucault 1976: 205。強調引用者）である。フーコーが『性の歴史I』で示したのは、近代社会において生権力が個人の性に関わる行為や振る舞いを規律し、あるいは出生率などの人口を管理するための装置としてセクシュアリティが形成されたということであり、そのセクシュアリティの装置が「自己の機能に必要な思弁的要素としてセックスという概念を生み出した」（Foucault 1976: 207）ということである。したがってフーコーにとって、セックスはセクシュアリティの「前提」であるような所与の自然的物質ではなく、「セクシュアリティの装置の内部で歴史的に形成された複雑な観念」（Foucault 1976: 201）なのである。したがってフーコーにとって、セックスとは生権力がセクシュアリティを管理するために作り出した「想像的なもの」だと言えるだろう。

このようにフーコーに倣うなら、セックスとは「想像的」で、「思弁的な要素」であるが、このことは「性別はいつでも着脱可能なフィクションである」ことを意味しない。むしろ、セックスとはフーコーに従えば、主体にアイデンティティと理解可能性を付与する統制的な理念である。事実、フーコーは次のように述べている。「セックスという、セクシュアリティの装置によって定められた想像的な点を通過することによってのみ、各人は自分が何者であるかという理解可能性に辿り着き〔…〕、彼の身体の全体に到達し〔…〕、彼のアイデンティティを手に入れることができる」(Foucault 1976: 205-206)。このことは反対に言えば、二元論的なセックスの「外部」という位置はアイデンティティや理解可能性を剥奪されることであり、「おぞましいもの」として排除されることを意味するだろう。バトラーは『ジェンダー・トラブル』で、ジェンダー規範とはセックス、ジェンダー、セクシュアリティのあいだに「一貫性」を付与する「理解可能性の規範」であると指摘している(Butler 2010: 23)。つまり、例えば「オスに生まれれば、社会的な男らしさを身につけ、性愛の対象として女性を選択する」といった規範的な一貫性を付与するものである。逆に言えば、このような「理解可能性」の枠組みから逸脱すると、それは「奇妙な代物」(Butler 2010: 23)あるいは「おぞましいもの」として排除されることになる。したがって、ジェンダー規範とは、理解可能な一貫した主体を形成するだけでなく、そのような「理解可能性」の枠組みから零れ落ちる他者を排除しようとするものでもある。そして『問題＝物質となる身体』に従えば、「「セックス」とは、〔…〕ある身体に、文化的理解可能性の領域内で生きることの資格を与える規範のひとつ」(Butler 2011: xii)である。セックスとはまさにこのような意味で「統制的理念」なのであり、多様な身体を

「典型的な男女の身体」に統制し、そこから逸脱する者を「理解不能」として排除する規範である。

このことが意味するのは、男女という性別の「外部」という位置はアイデンティティや理解可能性を剝奪されることであり、「おぞましいもの」として排除されるということである。先に言及したMさんやLさんといったトランス女性がある意味では周囲の人から見れば必要以上にパスを追求するのは、「曖昧なジェンダー」――性別二元論から零れ落ち、「おぞましいもの」として排除される身体――の排除に対する恐怖や不安がその背景にあるからだと言えるかもしれない。

実際、鶴田は別のトランス女性であるIさんの経験の分析から次のように述べている。

> Iさんは、〝はっきり〟わかっていたのは男であることに対する〝違和感〟や〝苦しさ〟だけであり、そこからは〝返す刀の反作用でそのまま足が前に行く〟ようにして性別の変更を進めていったのだという。しかし、Iさんは〝ニュートラルなところまでいければ〟よいというところでは、とどまることができなかった。つまり「端的な女の外見」を手に入れるところまで、行き着かざるをえなかったのである。これがまさに〝中途半端な〟外見に対して向けられる威圧的なまなざしの効果である。〔…〕〝女装〟や〝中途半端〟という「ふつう」ではない外見をしていることに対するまなざしは威圧的だと感じられるものであり、そのまなざしを向けられる側に、ある種のいたたまれなさを生み出させる。（鶴田　二〇〇九：八三）

「他者の性別を判別する」眼差しは、それを向けられた人の性別を構成するだけでなく、威圧的なものとしても働く。それは、「中途半端で曖昧なジェンダー」にあからさまな「敵意」を向けるのだ。ゲイル・サラモンはエイダンという胸を切除したトランス男性の写真表象を論じるなかで、同様のことを指摘している。「外見に対する不快感という彼の内的な感覚は〔…〕拡張され、彼の身体から外的世界の眼差しにまで展開される。その眼差しはジェンダーの曖昧さにあからさまに敵意を向けるものであり、それは彼のジェンダー化された自己の感覚の一部として内面化され、体内化されるのである」(Salamon 2010: 117、サラモン 二〇一九:一八八)。

このように、「他者の性別を判別する」眼差しは「ジェンダーの曖昧さにあからさまに敵意を向ける」威圧的な眼差しであり、それは「中途半端で曖昧なジェンダー」を排除するものとして働く。セックスとはまさにそのような「曖昧なジェンダー」を排除しようと取り締まる「統制的理念」であり、そして、そのような「おぞましいもの」や「奇妙な代物」の排除によって、性別は「二つのもの」として構築されていく。トランスはこのような「中途半端で曖昧なジェンダー」に敵意を向ける威圧的な眼差しに取り巻かれていると言える。

そして、Iさんのケースやエイダンのケースに明白に認められるのは、「私」が自分自身に向ける眼差しもまた、全面的にではないにしても、このような他者からの眼差しを背景にしたものであり、程度の差はあれ、それによって構造化されているということである。Iさんにとって「〝はっきり〟わかっていたのは男であることに対する〝違和感〟や〝苦しさ〟だけ」であり、しかし、その

Iさんが「「端的な女の外見」を手に入れるところまで、行き着かざるをえなかった」のは、「〝中途半端な〟外見に対して向けられる威圧的なまなざしの効果」である。サルトルが述べていたように、私たちは「自分自身の身体によって困らされる」が、その「見られるもの」としての「身体」とは「他者にとって存在しているかぎりにおける私の身体」であり、そして、その〈他者〉はジェンダー規範によって構造化されている。

この節の最後に付言しておくことがあるとすれば、このような「対‐他身体」の次元をある種の「思い込み」として――「意識のもち方」によって変更可能なものとして――考えることはできないということだ。エピグラフにも引いたように、たかぎはトランス当事者の立場から「身体はもはや「意味抜き」では存在し得ないのではないだろうか。なぜなら、私たちは生育上、意味があるものと教育され、刷り込まれている。身体はもはや「ただそこに在る」ことを許されない」(ROS　二〇〇七：六五)と述べている。身体に付された社会的なイメージや意味はたしかに変化しうるだろう。だが、それでも、身体に社会的な意味が付されることそれ自体から私たちは決して逃れることはできない。身体とはつねにすでに意味づけられており、それゆえ、私たちは身体に向けられ、それに意味を付与する眼差しそのものから降りることはできないのだ。サルトルが述べているように、「他者から見られたものとしての私の身体」は「対私‐身体」と同じだけの「実在性」をもつのである(Sartre 2017: 477)。このような「身体の意味」から「降りろ」という無茶な要求がときにトランスに求められることがあるが、バトラーが言うように、「文化的な生存可能性を達成するための構成的制約を根本的に克服せよという要求は、それ自体、暴力の一形式だと言えるだろう」(Butler 2011: 79)。

おわりに

『ここは今から倫理です』における沖津の例に戻れば、沖津はXジェンダーであり、曖昧なジェンダーを生きている。沖津の状態は周囲から「男なのに化粧している」「気持ち悪い」人物として捉えられている。つまり、Iさんの言葉を借りれば「中途半端」とか「女装」と言われるケースであり、周囲から「奇妙な代物」として眼差しを向けられる。沖津がサルトルの言葉「地獄とは他人のこと」に触れて「なんとなく分かる気がする」のは、沖津自身がその「威圧的な眼差し」に取り囲まれているからではないだろうか。そして、それは、性別移行の過程にあるトランスや「パス度の低い」トランス、Xジェンダー、ノンバイナリー、ジェンダークィア、ジェンダー・ノンコンフォーミングの人たち、そして潜在的には、「十分に」パスしているトランスの人たちが日々直面している眼差しなのではないだろうか。

このように、サルトルの眼差し論はトランスにとってのリアリティの一側面を炙り出すものであるだろう。だが反対に、トランスの経験はまた、サルトルの眼差し論の限界を照射するものでもある。私たちは誰しも、他者の眼差しを決してコントロールすることができない。トランスが自分の身体に「困らされる」のは、自らの身体を他者が勝手に読み解く行為に絶えずさらされるからである。しかし、他者の眼差しはつねにすでに「地獄」なのだろうか。ある意味で、「私」は他者の眼差しをコントロールすることができず、圧倒的な偶然性や受動性にさらされるのだが、他者の眼差しは果たして、「私」がそれによって切り刻まれ、閉じ込められ、圧倒されるだけの負の経験でしかないのだろうか。

古怒田望人／いりやは、「私」のジェンダー表現とそれに対する他者の眼差しが出会う契機を「セッション」という言葉で捉えようとしている。「セッション」という言葉から、本論でこれまで論じてきたように、眼差しが「私」にはコントロールできず、一方的に切り取られてしまう「偶然性」が表象されていると言えるだろう。しかし同時に、古怒田／いりやがその言葉で示唆しようとしているのは「ボクの身体の感覚に親和的な眼差しとの「セッション」」（古怒田／いりや　二〇二一：七九）の可能性である。古怒田／いりやが語っている写真のモデルの経験は、カメラによって撮られるという意味でまさに他者によって一方的に自己を切り取られる瞬間であるが、しかし、相互的な交渉《ネゴシエーション》——例えば「準備段階のときも、メイクのときも、撮影のときも、この身体と丁寧に交渉してくれる時間」や「カメラマンからの細かな指示、合間合間のメイク直し、小道具の追加や取り除き」といったプロセス——によって「「男」の枠組みにはまりきれないボクの身体の感覚に親和的な」「「いりや」という作品」が作り出される瞬間でもある（古怒田／いりや　二〇二一：七八－七九）。

古怒田／いりやのモデルの経験から分かるのは、私たちは圧倒的に他者の眼差しにさらされているが、それでも、その眼差しがときに自己の身体感覚に（良い意味でも悪い意味でもぴったりとは言えないにしても）収まる瞬間が存在するということだ。他者の眼差しはたしかに一方では「地獄」であるが、しかし他方で、町田奈緒士の言葉を借りれば、「〈器〉」として働くときもある。「〈器〉」とは町田によれば、「自らの未分化な感覚をおさめるような受け皿のこと」（町田　二〇一八：二八）である。町田はそれを、アイデンティティ・カテゴリーをはじめとした「社会・言語的な概念」を含むと同時に、「言語以前の感覚や雰囲気を感受してくれる他者の存在」、その関係性をも含むものとして考察しており（町田　二〇一八：二八）、したがって本章の議論との関わりで言えば、「トランスであること」が受け止められるような「〈器〉としての眼差し」を考えることができるだろう。この「〈器〉としての眼差し」はおそらくはサルトルの眼差し論では捉えることのできない限界であり課題である。

第五章　ポストフェミニズムとしてのトランス？

——千田有紀「「女」の境界線を引きなおす」を読み解く

フェミニストは人種、階級、セクシュアリティ、障害といった区別を学んできたし、擁護してきた。それでは、このアポリアはなぜ、ジェンダーの領域では頑なに存続しているのか。

——ゲイル・サラモン[*1]

はじめに

二〇二〇年三月に出版された『現代思想』臨時増刊号「フェミニズムの現在」に掲載された千田有紀の論考「「女」の境界線を引きなおす」が物議を醸した。二〇一八年夏頃のお茶の水女子大学のトランス女性受け入れの報道以降X（旧Twitter）を中心に「トランス排除的ラディカル・フェミニズム（trans-exclusionary radical feminism）」の言説が活発になり氾濫するなかで掲載された千田の論考は、この間トランス排除的な言説によって傷つけられた多くの人たちに大きな失望を与えるものであり、そのためトランスジェンダー当事者を含めた多くの人からの批判を受けた。例えば、トランスジェンダー当事者であるゆなは千田の論考をかなり詳細に取り上げて批判した（ゆな 二〇二〇）。これに対して、千田はゆなに応答し、彼女の解釈は「誤読」であるとして、むしろ「「女」というカテゴリーを生物学的な本質主義から解放し、「共闘」しようという、トランス女性へのメッセージでもある」と述べた（千田 二〇二〇b）。しかし、そうであるならば、なぜ、トランス当事者を含めた多くの人たちから「トランス排除的」との批判を受けたのか。その論考の何が問題

＊1 Salamon 2010: 128、サラモン 二〇一九：二〇七。

だったのか。私たちは改めて考える必要があるだろう。そして、そこで考察されるべきは、千田自身の「意図」ではなく、そのテクストがどのような認識の枠組みによって可能になっているかという問いであり、その認識論的な構造を明らかにするために、テクストが語っているもの——「作者」にとっては「枝葉末節」に映るものさえ含めて——を批判的に読み解く必要がある。

したがって、本稿は千田の論考「「女」の境界線を引きなおす」を批判的に読解するものである。しかし、その狙いは千田個人を批判することにあるわけではない。また、千田の論考を「正確に」読み、その「意図」を理解することにあるわけでもない。ましてや、「中立的立場」から「論争」を整理することにあるわけでもない。むしろ、私がここで千田の論考を読解することで行いたいのは、千田個人だけではなく、広く「トランス排除的なフェミニズム」に通底している認識論的な枠組みとは何かを明らかにする作業である。したがって、その論考を批判的に読み解くことはひとり彼女の論考が抱える問題を指摘することに留まるものではない。それは「フェミニズムの現在」が抱える問題を考察することであり、引いては「フェミニズムの未来」を考える作業につながるだろう。また、前章で、私たちはトランスが他者からどのように眼差しを受けるかに焦点を合わせて考察したが、それにつづく本章は、千田の論考を読み解きながら「トランス排除的なフェミニズム」に通底している認識論的な枠組みを明らかにすることで、現在、トランス排除の風潮が苛烈している日本における社会的、政治的言説や表象の水準でトランスがどのような存在として眼差されているかという問いに取り組むものだとも言えるだろう。

さて、千田の論考を軸にトランス排除的な認識論を明らかにするために、まず第一節では、「想像的逆転」という概念を用いながら、千田の論考の全体的な構造を確認する。その上で第二節以降では、本論の主題へと議論を進める。そこで私が着目したいのは、千田の論考から浮かび上がる「ポストフェミニズムとしてのトランス」という図式ないし形象である。第二節では、千田の論考を内在的に読解することを通して、この図式を析出する作業を行う。第三節では、このような「ポストフェミニズムとしてのトランス」という図式に関する一種の系譜学を行うことで、「トランス排除」の問題が現在のフェミニズムに突然降って湧いた問題ではなく、むしろ歴史的に反復された問題でもあることを確認する。そこで取り上げたいのが、ジェンダーフリー教育をめぐって生まれた「中性人間」に関する議論である。第三節が「ポストフェミニズムとしてのトランス」と「中性人間」というそれぞれの言説の共通性を考察するものであるなら、第四節で考察するのはむしろ現在生じている差異や変化の方であり、そこではジェンダーフリー・バッシングの時代から現在においてトランスをめぐる言説の状況がどのように変化したのかを考察する。

1 「「女」の境界線を引きなおす」と「想像的逆転」

まず、千田の論考を読み解いていく上で、その論考の全体的な構造を確認しておこう。ここで確認しておきたいのは、「トランス排除的ラディカル・フェミニズム」の言説が「想像的逆転」に構造化されており、千田の論考も例外ではないことである。

「想像的逆転（imaginary inversion）」とは、マイノリティの立場に置かれている主体がどういうわけか「暴力的主体」として表象される逆転のメカニズムを指すものである。[*2] このような「想像的逆転」はトランス排除に限った話ではない。例えば、ジュディス・バトラーは論文「危険にさらされている／危険にさらす」で、この「想像的逆転」のメカニズムについてロドニー・キング事件を例に考察している。ロドニー・キング事件とはロサンゼルス暴動（あるいは蜂起）のきっかけになった事件である。一九九一年、黒人のロドニー・キングは自動車のスピード違反で白人の警官たちに呼び止められ、激しい暴行を受けた。その暴行の様子は通行人によって撮影され、そのビデオ映像は広く放映され、裁判でも証拠として扱われた。この事件において重要なのはその裁判過程である。問題の映像を見れば分かるが、キングはうずくまって、白人の警官たちに四方を囲まれてリンチされている（ように見える）。しかし驚くべきことに、バトラーが述べているように、「多くの人が議論の余地なく警官に対して不利な証拠とみたものが、シーミ・ヴァレーの法廷では反対に、攻撃に対する警官の側の傷つきやすさを証拠立てるために、つまり、ロドニー・キングが警官を危険にさらしていたのだという主張を裏づけるために提示された」（Butler 2004a: 205）のである。裁判では、キングの「黒い身体」は「いまにも暴力をふるいそうな身体」として知覚され、したがって白人警官たちの暴力はそれに対する「正当防衛」と解釈され、彼らは無罪放免になってしまったのだ（ロサンゼルス暴動はまさに、このような人種差別を背景とした不当な裁判結果に反対して引き起こされた）。

キングに対する暴行の証拠として読まれると思われた件の映像は、奇妙な逆転(inversion)を経て、むしろ白人警官たちの暴力を「正当防衛」として解釈する証拠として読まれたのである。

ここで、もう一人のキングの事件についても触れよう。それは、アメリカ合衆国のカリフォルニア州で実際に起こった事件である。当時十五歳だったバイレイシャルのトランス・ガールのラティーシャ・キングは二〇〇八年二月十二日の朝、同級生のブランドン・マキナニーに教室で射殺された。その裁判で焦点になったのは、マキナニーの犯行が「意図的」であるとして、果たして「計画的」なものだったかどうかという点だった。そして、「第二級殺人罪」という判決から分かるのは、マキナニーは「意図的に」ラティーシャを殺害したが、その殺害は「計画的」なものではなかったという解釈である。事件の数日前に友人に犯行を吹聴し、両親に見つからないように注意深く自宅から拳銃を持ち出し、発砲するまでだれにも(ラティーシャ自身にさえ)発覚されないままラティーシャの後頭部を無慈悲に撃ち抜き、「なんてことを!」と叫ぶ教師と目が合った後に冷

＊2　「想像的逆転」とは“imaginary inversion”の訳語である。その働きに関しては、本文中でも言及しているように、ジュディス・バトラーがロドニー・キング事件を例に考察している(Butler 2004a)。ただし、この論文中に直接“imaginary inversion”という表現は出てこない。この表現を用いたのは酒井隆史であり、彼はバトラーの論文も挙げながらその概念について論じている(酒井　二〇一六)。彼は「想像的転倒」と訳しているが、本書では“inversion”の訳語として「逆転」の方がわかりやすいと考え、「想像的逆転」と訳して用いている。

静にもう一発銃弾を撃ち込む、その行為を「計画的なものではない」とする解釈は一体いかにして可能になったのか。この事件及びその裁判過程について、ゲイル・サラモンは『ラティーシャ・キングの生と死――トランスフォビアの批判的現象学』で考察している（Salamon 2018）。そこでサラモンが着目しているのは、その裁判過程において、ラティーシャの化粧やハイヒールといったジェンダー表現が「攻撃的行為」として解釈され、ブランドンによる射殺はそれによって引き起こされた「パニック」に対する一種の「防衛行為」であると解釈された点である。ラティーシャはある朝、突然、同級生に射殺されたのである。しかし裁判では、先に「攻撃」を仕掛けたのはラティーシャだとみなされたのだ。ここには明白に、先に「想像的逆転」と呼んだメカニズムが働いていると言えるだろう。このように、「想像的逆転」とは、より傷つきやすい社会的状況に曝されているマイノリティが奇妙な逆転を経て、むしろ加害者側の人間として表象されるメカニズムである。

私がここで提起したいのは、現在、トランス排除的言説にも同様の「想像的逆転」のメカニズムが認められるのではないか、ということである。それらの言説においては、トランスジェンダー（とりわけトランス女性）はたとえ何もしていなくても潜在的に「性犯罪」を行う（あるいは、それを誘引する）可能性のある「危険な集団」とみなされている。権力との関係においても数的にもマイノリティであり、不安定で傷つきやすい立場に置かれているトランスジェンダーの人たちが、奇妙な逆転を経て、「暴力を行う側の主体」として表象されているのである。そして、だからこそ、トランス排除的言説はそのような（架空の）「暴力」に対する「防衛」として自らの発言を正当化することが可能になる。そこでは、自らの発言内容は「防衛行為」として正当化され、その発言が孕む差別や暴力性は等閑に付されるのである。トランス排除的言説の論理に従えば、「先に攻撃を仕掛けた」「危険な存在」はトランスジェンダーの人たちの方なのである。本節で確認しておきたいのは、このような「想像的逆転」のメカニズムが千田の論考にも働いているという点である。

彼女の論考「「女」の境界線を引き直す」は「いま、日本のTwitterでは「ターフ戦争」とでもいうべき事態が起こっている」という言葉とともに始まり、「トランス排除的ラディカル・フェミニスト」の略語である「ターフ」という用語が現在「中傷の言葉」として、「侮辱や暴力的なレトリックとともに使われている」と説明される（千田 二〇二〇a：二四六）。このように、彼女がはじめからクローズアップしているのは、「ターフ」という言葉が「中傷の言葉」として用いられているると彼女が考える状況であり、その目的は、それによって生まれる「不必要な（と私は信じている）争い」（千田 二〇二〇a：二四七）に終止符を打つためである。すでに、この冒頭部から透けて見えるのは、一部のフェミニストに向けられる「ターフ」という言葉が「中傷」や「暴力」として機能しており、したがって、そのような暴力からフェミニストを守ろうという問題意識である。彼女にとって、「ターフ」とは、トランスの活動家やトランス・アライによる、一部のフェミニストを攻撃するための用語である、と言えるだろう。そこでは、トランス活動家やトランス・アライは、フェミニストに対する「暴力的主体」として表象されている。

このような構図は結論部ではより明白になる。彼女はその結論部で、トランス（かもしれない人）

の「破壊行為」（千田　二〇二〇ａ：二五四）に言及する。

先に例に出したバンクーバーの女性センターが破壊された事件では「ターフを殺せ」「ファックターフ」「トランスパワー」という落書きが施設に対して行われた。その数週間前には、ネズミの死骸がドアに釘づけられていたという。これが誰によってなされたかはわからない。トランスはたんに、破壊行為の口実として使われている可能性すらある。しかし、ターフはある種のスティグマとして機能しており、ターフに対しては何をしてもいいのだという意識が醸成されていることも事実である。

例えば、terf（s）に rape、fuck、punch などという言葉を引っ付けて検索すれば、目を覆うようなニュースや写真が出てくる。サンフランシスコの公立公園では、「ターフをぶん殴る I PUNCH TERFS」と血塗られたタンクトップが展示された。ほかにも、斧とともに「死ね、シスのカスども Die Cis Scum」というスローガンが描かれたシールド、なかには有刺鉄線をまかれたものもある色とりどりのバッド、これまた色とりどりの斧やトンカチ、などが展示された。これらは主催者のＨＰ上で通信販売されており、こうしたバッド（や刀、斧）などの武器を携えて「ターフ」をしばくと宣言する写真は、ＳＮＳ上でしばしばみられる。（千田　二〇二〇ａ：二五四）

このように彼女は最後に、トランス（かもしれない人）による「破壊行為」に言及する。このような言及の仕方によって生み出される効果は、トランスは「危険な人」なのだという印象ではないだろうか。たとえ彼女に「差別意識」がなくとも、このような操作は明らかに読者に、トランスを「危険人物」とみなすよう誘導するものである。

先の引用部の直後に続くのは、この論考の最終段落にある次のような彼女の主張である。「このような暴力に陥ることなく、私たちが多様性に基づいた社会を設計するには何が必要なのだろうか。今一度立ち止まって、私たち全員が考えてみる必要があるのではないだろうか。それは「ターフ」を見つけ出して、制裁を加えることではなく、問題の構造を見据えた私たちの社会的合意の達成によってなされるものであると信じている」（千田 二〇二〇a：二五四）。「多様性に基づいた社会」は「私たちの社会的合意の達成によってなされるものである」と、彼女はその論考を締め括る。このような提言は特段問題のない主張に思えるかもしれないが、しかし、ここで着目すべきは、この提言が先の引用部の直後に置かれている点である。すなわち、先の引用部と併せてこの最後の主張を読むなら、「社会的合意の達成」を妨害しているのはトランス及びそのアライの側だ、と彼女が想定しているのは明白なのである。あるいは言い換えれば、たとえ彼女にそのような「意図」がなかったとしても、結果として、彼女の主張は読者にそのような「効果」を与えるものである。

このような、トランスが「私たちの社会的合意の達成」を妨害する主体として表象されている点に関して言えば、次のサラ・アーメッドによるトランス排除の分析が見事に当てはまっていると言えるだろう。アーメッドは論文「ハンマーの共鳴性」で、「「私たちは本当に話し合うことができないのか」という希望に満ちたリベラルな問い」さえトランスに対する「殴打《ハンマー》」になりうると述べている（Ahmed 2016: 31）。というのは、「そのような問いは、この問題の話し合いに参与することを拒絶する人々を、不和の原因にしてしまうからだ。そのため、圧力をかける「トランス活動家」、話を聞かず、関わろうとしない「トランス活動家」、フェミニストの批評をブロックするために「トランスフォビア」という言葉を使う「トランス活動家」たちは、和解というリベラルな約束〔…〕を邪魔する人とみなされてしまうのだ」（Ahmed 2016: 31）。千田の提言は明らかに、トランスを叩くハンマーとして機能していると言えるだろう。そこでは、トランスは「和解というリベラルな約束〔…〕を邪魔する人」として表象されているのだ。

したがって、トランスという形象は千田の論考において、「破壊活動」を行う暴力的主体として、そしてまた「私たちの社会的合意の達成」を妨害する主体として、表象されていると言える。社会的混乱を引き起こしているのは彼女にとってトランスの側なのであり、一部のフェミニストの「不安」に寄り添わないのもトランスの側なのだ。そこには明らかに、「想像的逆転」のメカニズムが働いていると言えるだろう。

2　ポストフェミニズムとしてのトランス

このような「想像的逆転」に貫かれた千田の論考はまさにそのために、多くの人から批判されることになったが、本節では、それらの批判のなかでもあまり注意を引かなかった点を考察することにしたい。それは、千田がトランスを「ポストフェミニズム」に「親和的」な主体として描いている点であり、まさにそこにこそ、トランス排除的なフェミニズムの認識論的枠組みが透けて見えるように思われるからである。

順を追ってみていこう。彼女はトランスジェンダーを「ポストフェミニズム」に「親和的」な主体として表象する上で、ジェンダー論の歴史を三期に分けて説明する。この「ジェンダー論の第三段階」なるものはジェンダー研究者にとっても「新奇」なものであるが、ここでは千田によるジェンダー論の整理を確認しておくに留める。トランスジェンダーは千田によれば、このジェンダー論の「第三期」に位置づけられる。以下、彼女の整理をみていこう。

千田によれば、ジェンダー論の「第一期」は、「「ジェンダー」という概念が出現した時期」(千田　二〇二〇a：二五〇)であり、ロバート・ストラーやジョン・マネーらの名が挙げられる。そこでは、「「身体」は不可視化され、ジェンダー・アイデンティティやジェンダー・ロール〔…〕が社会的に創造されることが焦点になった」(千田　二〇二〇a：二五〇)。「第二期」では、ジュディス・バトラーの名が挙げられている。そこで彼女が述べているのは、この「第二期」において「「身体」までも社会的に構築されているのだという考え方」(千田　二〇二〇a：二五一)が波及したということである。そして、「第三期」はこの「第二期」の考え方をさらに推し進めたものであるとされ、「身体もアイデンティティも、すべては「フィクション」であるとされるのであったら、その再構築は自由におこなわれるべきではないかという主張」（千田　二〇二〇a：二五一）にまとめられる[*3]。

ここで重要なのは、トランスジェンダーがこの「第三期」の考え方に則ったものであると考えられている点である。彼女曰く、「これはトランスに限らない。美容整形やコスメ、ダイエット、タトゥーなどの身体変容にかんする言説を検討すれば、身体は自由につくりあげてよい、という身体加工の感覚は私たちの世界に充満している」（千田　二〇二〇a：二五一。強調引用者）。あるいは、「たまたま、「割り当てられた」身体やアイデンティティを変更して何の不都合があるだろうかという論理は第三期的ななにかである」（千田　二〇二〇a：二五一。強調引用者）。このように、千田はトランスジェンダーを、「第三期的ななにか」によって生み出された存在、あるいは「第三期的ななにか」と密接に関連している存在として捉えていることがわかる――千田自身はこのような「第三期的ななにか」とトランスの関連を否定しているが（千田　二〇二〇b）、傍点を付した箇所は明らかにトランスを想起させる記述である。

このようなトランスジェンダー理解が明らかに不正確かつ不十分であるのは、すでに先に触れたゆなによる論考でも指摘されている。例えば、彼女は次のように述べている。「私たちトランス女性は不自由にも、自分たちにもどうしようもできない仕方で女性であるからなのです。それは、私たち自身にもまったく自由にならないことなのです。もちろん、男女二分法におさまらないアイデンティティを持つひともいますが、そのひともまた、男女二分法の外部にいることを自ら自由に選んだわけではなく、おそらく当人にもどうしようもない仕方でいずれの性別にも属せないのだろうと想像します」（ゆな　二〇二〇）。トランスにとってのアイデンティティは自由に選択したり再構築したりする代物ではない。それは語の厳密な意味で感じられるものである。

さて、ここで私が焦点を当てたいのは、この「第三期的ななにか」が「ポスト・フェミニズムの時代と親和的である」（千田　二〇二〇a：二五一）という彼女の次のような主張である。

こうした感覚〔身体やアイデンティティは自由に再構築されるという感覚：引用者注〕は、ポスト・

＊3　千田が描き出すこの「ジェンダー論の第三段階」なるものにおいてもっとも驚くべき点は、第二波フェミニズムの功績がその記述からすっぽりと抜け落ちている点である。ジェンダーという概念の「創始」がマネーやストラーといった男性学者に求められるとしても、第二波フェミニズムがなければ、現在に至るまでのジェンダー概念の拡がりはありえなかったはずだ。また、シモーヌ・ド・ボーヴォワールのように、ジェンダー概念の誕生以前にすでにジェンダー的な思想や視点を提起していた存在も忘却されてしまっている。千田史観においては、あたかもマネーやストラーといった「男性学者」がジェンダー概念を発明し、そのまま一直線にジュディス・バトラーの理論へと至ることになっており、そのあいだのフェミニストたちの議論はマネーらの理論に還元され、好意的に解釈しても、マネーらの議論の「派生物」でしかないことになる。その歴史観はまさに「彼の物語（history）」となっており、つまり、それは「男性学者」の業績に起源をもつものとされ、また、アカデミズムを権威化した記述となっている。この記述がひとりのフェミニストの研究者の手によるものであるという事実に、私は率直に言って驚きを禁じえない。

フェミニズムの時代と親和的である。男女平等は、現実には達成されていない。男女の賃金格差から女性の政治参加から、不平等はそこかしこにある。なんといっても日本のジェンダーギャップ指数は一二一位である。しかし、にもかかわらず、男女平等は達成されたという前提で、様々な問題を個人の「選択」や「責任」に帰する時代が、ポスト・フェミニズムである。男女の差はあたかも消滅し、男女平等がすでに達成されたかのように扱われる。〔…〕そこでは、男女平等を主張するフェミニストは、自ら「女」というジェンダー・アイデンティティを「選択」したにもかかわらず、その結果が気に入らない、不平等だと、「性別」というカテゴリーを利用して文句をいう人たちにすらみえる。自分の「自由な」「選択」にもかかわらず、「性別」などという窮屈なカテゴリーを改めて持ち出して、自己正当化のためにひとびとを「性別」に押し込めてくるひとたちとすら表象される。（千田　二〇二〇a：二五一）

彼女によれば、ポストフェミニズムとは「男女平等は達成されたという前提で、様々な問題を個人の「選択」や「責任」に帰する」ものであり、そして、それは、「フェミニスト」に対して「自己正当化のためにひとびとを「性別」に押し込めてくるひとたち」と非難するものであるから、要するに反フェミニズムであり、フェミニズムに対するバックラッシュである。トランスを含む「第三期的ななにか」は彼女にとって、ポストフェミニズムであり、フェミニズムに対するバックラッシュなのである（千田はジェンダー論の各々の「段階」は「理念系」にすぎないと断っているが〔千田　二〇二〇a：二五一]、しかし、「第三期」をポストフェミニズムに「親和的」と表象している点で明確に価値判断を下している)。

ここから、「ポストフェミニズムとしてのトランス」という構図が彼女の論考から浮かび上がることになる。トランスジェンダーは「たまたま、「割り当てられた」身体やアイデンティティを変更して何の不都合があるだろうかという論理」によって規定され、その感覚／論理は「第三期的ななにか」であるとされる（千田　二〇二〇a：二五二）。この「第三期的ななにか」が「ポストフェミニズム」と「親和的」とされるのは、それが「性別」という「社会的な問題」を「個人の選択の問題」に還元するものだからであり、それはフェミニズムを攻撃するものと想定されている。「トランスジェンダー」とは彼女にとって、「第三期的ななにか／ポストフェミニズム」の象徴的な例であり、フェミニズムの基盤と考えられているもの——要するに、性別——を瓦解させる存在として想像されているのだ。

重要なのは、この「ポストフェミニズムとしてのトランス」という図式が程度の差はあれ「トランス排除的なフェミニズム」に共通して認められる点である。実際、「トランスジェンダーの存在を認めれば女性の権利や安全が守られない」といった類の主張はとりわけネット上でよく見かけられる。そこでは、トランスジェンダーは「女性の安全」や「フェミニズムの基盤」を脅かす「脅威」であると想像されている。トランス排除的言説においてたびたび話題になる銭湯やトイレの議論で問題になっているのは「トランスジェンダーの存在を認めれば、トランス女性を装う性犯罪目的の男性の存在も許してしまう」ということであるが、このような認識の背景には、「トランスジェンダーの存在を認めれば、二元論的な性別そのものが瓦解してしまう」という「不安／恐怖」があるのではないだろうか。

ここで、千田の論考以外の例を取り上げよう。それは、杉田水脈の物議を醸した文章「「LGBT」支援の度が過ぎる」である。ここでは、その文章を千田の論考との共通点に着目しながらみていこう。両者のテクストの興味深い共通点とは、その「性同一性障害者／トランスジェンダー」の位置づけである。千田の論考において、「性同一性障害／トランスジェンダー」はあの「ジェンダー論」の「第二期」と「第三期」にそれぞれ割り振られている。彼女は次のように述べている。「「ジェンダー・アイデンティティ」は生まれながらにして所与であり、変更不可能であるからこそ、手術によって身体を一致させたいというGIDをめぐる物語が典型的に第二期的なものであるとしたら、たまたま、「割り当てられた」身体やアイデンティティを変更して何の不都合があるだろうかという論理は第三期的なにかである（どちらが優れているといっているのではない。これらは理念型であり、現実には両者の論理はもちろん混在しうる）」（千田　二〇二〇a：二五一）。トランスの存在をこんな風に理論によって分断してみせるのもかなり暴力的だが、「どちらが優れているといっているのではない」と述べながら（ところで、そんなことはわざわざ断るまでもない当然のことではないだろうか）、しかしすでに指摘したように、「トランスジェンダー」は「第三期」の「産物」とされ、そしてこの「第三期」は「ポストフェミニズム」に「親和的」なものとして描かれるのだから、彼女は明白に、「性同一性障害者」よりも「トランスジェンダー」を問題視しているのである。そして、このような彼女の「性同一性障害者／トランスジェンダー」の区別は、杉田の論考「「ＬＧＢＴ」支援の度が過ぎる」で表明されているものとほぼ一致する。杉田は「ＬＧＢＴ」に税金を使うべきではないと主張したことで批判されたが、「性同一性障害」は「障害」だから「医療を充実させるべき」とも主張している（杉田　二〇一八：五九）。しかし他方で、「自分が認識した性に合ったトイレを使用することがいいことになるのでしょうか」と問い、「Ｔに適用されたら、ＬやＧにも適用される可能性だってあります。自分の好きな性別のトイレに誰もが入れるようになったら、世の中は大混乱です」（杉田　二〇一八：六〇）とも述べており、明示的に「トランスジェンダー」を攻撃している。

もちろん、千田は杉田の政治的立場に賛同しないだろう。しかし、ここで着目したいのは、「性同一性障害／トランスジェンダー」をめぐる奇妙な図式が両者において共有されている点である。杉田にとって、「性同一性障害」は「障害」だからやむをえないが、「Ｔ」と略語で呼ばれているものは「自分の好きな性別」を自由に選ぶことができる主体である。千田の論考においても、「ＧＩＤ」は「「ジェンダー・アイデンティティ」は生まれながらにして所与であり、変更不可能である」というそのやむにやまれぬ状態によって規定されており、その表象は「たまたま、「割り当てられた」身体やアイデンティティを変更して何の不都合があるだろうかという論理」によって規定される「トランスジェンダー」と対照的である。

杉田の「自分の好きな性別のトイレに誰もが入れるようになったら、世の中は大混乱です」という世界観はまさに「ポストフェミニズムとしてのトランス」という認識論的図式によって可能になっている。「ポストフェミニズムとしてのトランス」は、身体やアイデンティティを自由に再構築し、性別を「個人の選択の問題」に変える存在だからだ。その図式の下では、あたかも、トランスジェンダーの存在を社会的に認めることが即、性別を解体することを意味するかのような、一種の陰謀論的な議論が展開されていくことになる。

3 「トランス」から「中性人間」へ

千田の論考からみえてきたのは、「ポストフェミニズムとしてのトランス」という形象だった。そこではトランスジェンダーは、身体や性差を自由に再構築することのできる存在、いわば「性差をなくす」存在であり、フェミニズムに対するバックラッシュとして表象されていた。ここで私は千田の論考からいったん離れて、このような「ポストフェミニズムとしてのトランス」の「前例」を考察することにしたい。それによって、千田の論考が抱える問題がなにも突然噴出した新たな問題ではなく、過去のフェミニズムの負の遺産を継承したものでもあることを確認したい。そこで思い起こされるのが、ジェンダーフリー教育をめぐる肯定派と否定派の議論であり、両陣営から排除された「中性人間」という形象である。

風間孝はその論文「「中性人間」とは誰か？ ——性的マイノリティへの「フォビア」を踏まえた抵抗へ」で、ジェンダーフリー教育をめぐる肯定派・否定派双方の言説に共通している「中性人間」の排除について考察している。「中性人間」という形象はジェンダーフリー教育否定派の言説から生まれたものである。風間は、当時の民主党議員の中山義活の国会質問を否定派の典型的な言説として分析し、次のようにまとめている。

ここで、中山の主張にみられるジェンダーフリー批判を行うための二重の戦略を読み解き、それがひとつの典型であることを指摘したい。その戦略とは、つぎの二つからなる。①ジェンダーフリー教育を、性差を否定する教育として批判をおこない、その結果「中性人間」が生まれることになると主張する。②その一方で、ジェンダーフリー教育批判をおこなうときの性差の是認という自らの立場が性差別を肯定するものではないとの弁護を行う（性差別主義者でないことの弁解）。性差の強調もしくは「らしさ」の保持は、性差別を擁護しているのではないかという疑念を人々に抱かせかねない。そこでジェンダーフリー否定派は、性差別を肯定していないと弁解しつつ、性差の必要性を説くという綱渡りをしているのだ。こうしたリスクを冒す中で用いられるのが「人間の中性化」というフレーズなのだ。（風間　二〇〇八：二六）

否定派の言説は、ジェンダーフリー教育が性差や「女／男らしさ」をなくし、その結果「中性人間」なるものを生み出す、という論理からなる。これが否定派の典型的な言説であり、そこには同性愛者やトランスジェンダーへのフォビアが背景にある。「「ジェンダーフリーの行き着く先は同性愛の肯定」「『意識改革』の後に待っているのは〝オカマの授業〟」といった主張に端的に示されているように、ジェンダーフリー教育や「過激な性教育」を批判する書籍には、同性愛（者）やトランスジェンダーへの嫌悪や恐怖（ホモフォビア／レズボフォビア／トランスフォビア）がしばしば顔を出す」（風間　二〇〇八：二三）。

このように否定派が言及している「中性人間」とは一体誰のことなのか。風間は、「第一五六回国会参議院　国民生活・経済に関する調査会」において参考人として呼ばれた深層心理学者の林道義の発言を分析して、次のように述べている。

> すなわち、ジェンダーフリー教育によって「男女の区別がはっきり」しなくなると、「アイデンティティの確立」に支障が生じ、その結果異性との関係がうまくつくれなくなり、「同性愛に傾」く者が生まれ、子孫を残す行動に支障が生じるというのである。林は男／女というジェンダー・アイデンティティ（性同一性）に支障、すなわち「障害」をもつようになった結果、異性と性的に親密な関係を持つことのできなくなったセクシュアリティを同性愛として理解している。林にとって中性人間とは、性同一性障害と同性愛を重ね合わせた存在なのである。（風間　二〇〇八：二七。強調引用者）

否定派にとって、「中性人間」とは「性同一性障害と同性愛を重ね合わせた存在」なのである。その論理に従えば、ジェンダーフリー教育によって、ジェンダー・アイデンティティになんらかの「支障」が生じ、その結果、セクシュアリティが同性へと「傾く」ことになるのであり、したがって、ここで語られている「中性人間」とはいわば「同性愛者」と「トランスジェンダー」の混合物なのである。だからこそ風間が述べているように、「ゲイやレズビアン、トランスジェンダーを「中性」と位置づけ「フォビア」を煽る性別二分法の枠組み自体を問題化する方向性を模索していく必要がある」（風間 二〇〇七：三二）のだ。

それでは、このような否定派の主張に対して、肯定派はどのように応じてきたのか。否定派が語る「中性人間」に、肯定派はどのような言説戦略を行ったのか。たしかに風間も述べているように、「こうした「フォビア」に対抗してジェンダーフリー肯定派は性的マイノリティを含む多様なアイデンティティを包含した「平等」を主張し、バックラッシュに対抗してきた」（風間 二〇〇八：二三）側面がある。しかし、風間が問題にしているように、否定派が語る「中性人間」あるいは「人間の中性化」については、肯定派は往々にして「否定形で語る」（風間 二〇〇八：二三）ことによって応じてきた。肯定派の主な主張は次のようなものだった。曰く、ジェンダーフリー教育は性差をなくすものではない、「中性人間」を作り出すものではない、「中性人間」は否定派が捏造したフィクションである、と。このような応答はしかし、セクシュアル・マイノリティへのフォビアを温存・再生産してしまう効果をもつものである。

現存する性的マイノリティと結びつけて語られる中性人間に対し、ジェンダーフリー教育はこのような人々を生み出さないと、その存在を否定形で語ることは、否定派と肯定派との間で「中性人間は好ましい存在ではない」とする共通認識をつくりだすことになる。「女っぽい男」や「男っぽい女」、ジェンダー・アイデンティティに「支障」を生じた人間、同性愛の欲望をもつ人間、異性にあこがれをもたない人間は、ジェンダーフリー教育によって生み出されないと主張することになってしまう。（風間　二〇〇八：三〇）

ここで問題なのは、「中性人間は好ましい存在ではない」とする認識が肯定派の言説においても温存されていることである。「性差をなくす存在」としての「中性人間」という形象は、「ジェンダーフリー教育は性差をなくすものではない」と肯定派が「否定形で語る」ことによって、肯定派の言説においても否定的な存在として温存されてしまったのである。

以上の考察から浮かび上がるのは、千田が語っていた「ポストフェミニズムとしてのトランス」がジェンダーフリー・バッシングの時代に生まれた「中性人間」という言説と構造的に重なっている点である。なぜなら、それらの言説のいずれにおいても、「トランス」や「中性人間」は「性差をなくす脅威」として否定的に表象されているからだ。また、両者の言説においてフェミニストと保守派の言説が奇妙にも一致してしまっている点も共通している。千田の「ポストフェミニズムとしてのトランス」という問題は過去のフェミニズムの負の遺産を継承・反復してしまっているのである。

本節での考察は、「ポストフェミニズムとしてのトランス」と「中性人間」それらの言説の構造的な重なりを明示するものであった。しかし、それは同時に、「中性人間」から「トランス」へのあいだにある差異や変化をも指し示す。ジェンダーフリー・バッシングの時代において排除の対象になっていたのは「同性愛者」と「トランスジェンダー」の「混合物」である「中性人間」だったが、現在、その対象は移行し、「中性人間」から「トランス」へと移っていると言えるかもしれない。次節では、このような歴史的な変化について考察する。

4 「中性人間」から「トランス」へ

「中性人間」から「トランス」への歴史的変化を考察する上で、以下の鈴木みのりの言葉をまず取り上げたい。鈴木は、二〇一八年の杉田水脈の「生産性」発言に対する抗議街宣でスピーチを行った経緯について語っている箇所で次のように述べている。

メディアで「LGBT」という看板が使われるとき、それらアルファベットのどの属性に関する話題で、その文字の奥にいる「誰」にとって、そしてその「誰」の生活においてどのように、差別的な言動や社会構造が危機をもたらしているのか、見えないことが多い。数も声も大きいシスジェンダーの男性／女性であるゲイやレズビアンの人々の一部が、切実に解決を求める問題のためだけに自分の存在の一部を「T」として利用されたくなかった。可視化が大事ともよく聞くけれど、望むと望まざるにかかわらず見た目や声から勝手に有徴性を拾われて「トランスだ」と名指しされ、可視化されている・しまう、それゆえの困難については意識すらされない状況は居心地が悪かった。（鈴木　二〇二〇：三八）

このような状況はディーン・スペイドの表現を借りれば、「LGB fake-T」と言える（Spade; Salamon 2010）。鈴木が述べているように、「トランス」は「T」という頭文字で表面上は表象されながら、その社会的困難は不可視化される。「LGB fake-T」とはまさに、「数も声も大きいシスジェンダーの男性／女性であるゲイやレズビアンの人々の一部が、切実に解決を求める問題のためだけに」「T」が「利用」される状況を指すと言えるだろう。

また、例えば元参議院議員でゲイであることを公表している松浦大悟は、二〇一九年一月五日のAbemaTV「みのもんたのよるバズ!」での発言などをはじめ、当時野党が提示していたLGBT差別解消法案を批判するために、その法案を認めれば「男性器のついたトランスジェンダーを女湯に入れないと差別になってしまう」といった発言を繰り返した。そこでは、トランスは不可視化されているだけでなく、「危険な存在」としてスケープゴート化されていたと言える。

アメリカ合衆国の文脈においてではあるが、スーザン・ストライカーは同様のことを「クィア」という語の使用の変遷に即して次のように指摘している。

クィア・スタディーズはトランスジェンダーの課題を理解するのにもっとも適した場でありつづけている一方で、大抵クィアは「ゲイ」や「レズビアン」の婉曲表現になっており、異性愛規範とは異なる主要な手段としてセクシュアル・オリエンテーションとセクシュアル・アイデンティティを優先するレンズを通してトランスジェンダーの現象は大抵誤解されている。もっとも私が懸念しているのは、「トランスジェンダー」がますますあらゆるジェンダー・トラブルを含む場として機能していることであり、それによって、同性愛と異性愛をともに人格の安定した、規範的なカテゴリーとして保証するのに用いられていることである。これは壊滅的で、隔離的な政治的な帰結である。これと同じ論理が、現在、反同化主義的な「クィア」ポリティクスを、より口当たりの良いLGBTの市民権運動へと変質させている。(Stryker 2004: 214)

ここでストライカーが指摘しているのは、「ゲイ」や「レズビアン」の影でトランスが不可視化されているとともに、トランスの存在が「ジェンダー・トラブル」とみなされることで「同性愛と異性愛をともに人格の安定した、規範的なカテゴリーとして保証する」ためにスケープゴート化されるというトランスをめぐる二重の苦境である。そして、トランスを「ジェンダー・トラブル」として表象する後者の立場こそ、先に言及した松浦の立場であり、本論で検討した千田の論考やトランス排除的なフェミニズムである。

このようなトランスをめぐる現状を概観すると、セクシュアル・マイノリティに対する排除的な言説がジェンダーフリー・バッシングの時代から変化している可能性を指摘することができるだろう。かつて「中性人間」と呼ばれていたものは、「同性愛者」と「トランスジェンダー」の「混合物」であった。当時において、「中性人間」は「性別をなくす」脅威として考えられており、そこでは「同性愛者」も「ジェンダー・トラブル」とみなされていた。しかし、現在において、排除的言説はより明示的に「トランスジェンダー」を標的にしたものに変化しつつある。そして、そこで標的にされている「トランスジェンダー」のイメージこそ「ポストフェミニズムとしてのトランス」である。

そこで想像される「トランス」は、身体やアイデンティティを自由に再構築し、「たまたま、「割り当てられた」身体やアイデンティティを変更して何の不都合があるだろうか」（千田　二〇二〇a：二五一）と居直ってみせる主体である。X（旧Twitter）上のトランス排除的言説においてしばしば引き合いに出される尾崎日菜子のツイート「あたしとか、チンコまたにはさんで、「ちーっす」とかいって、女風呂はいってんのやけど、意識が低すぎ?･」は、まさにこのような「ポストフェミニズムとしてのトランス」を言語的に表したイメージである。[*4] 逆に言えば、トランス排除派にとっての「トランス」とはまさにこれなのである（あるいはさらに言い換えれば、尾崎のツイートはトランス排除派が想像するトランス像を結果的に暴くものだったとも言えるだろう）。実際には、このツイートは「クィアな友人」が自らの「Xジェンダー性にナーバスになっていたので別の視点を導入するため」という文脈で語られた「冗談／フィクション」であり、また尾崎は「フィクションであっても、その後、こちらの意図とは違う別の混乱を招いてしまったことについては謝罪」している。[*5] そして、実際の経験に関しては次のように述べている。[*6]「例えば、旅行先ではシャワーの個室のある部屋に泊まったり、予め予約の時にトランスであることを告げ、大浴場の営業後に浴場を使わせてもらったりしています。それでも、宿を予約する時、入浴に難色を示されることがあります。その時はどんなに泊りたい宿でも、宿を代える場合もあります」。「また、銭湯に行きたいことも多くありますが、多くの場合、事前に電話で問い合わせると、それとなく断られます。入ることができたとしても、着衣での岩盤浴などです」。これらの経験の方がずっとトランスの「リアル」を伝えるものと

＊4　尾崎のこのツイートに関する重要な考察として、清水（二〇二〇）を参照。

＊5　詳しくは、twitter.com/hinakoozaki/status/1111895157295579136?s=20（二〇二一年四月二日取得）を参照。

＊6　以下の尾崎の一連のツイートに関しては、「トランスジェンダーが自分自身を説明する際に要するコストと、回答を求めるものとのコストの非対称性について」（二〇二一年四月二日取得、https://togetter.com/li/1245003）を参照。

思われるが、しかし、トランス排除派にとっては「チンコまたにはさんで、「ちーっす」」の方こそが「トランス」の「リアル」なのである。それはそのツイートの文脈はもちろん、そのツイートの語り主である尾崎自身からさえも離れて、「これこそがトランスだ」という「リアル」を構成していく。このような「現実《リアル》」の上書きによって、実際のトランスの生きられた経験や語りは「なかったことにされて（derealized）」いく。

「ポストフェミニズムとしてのトランス」、あるいはより広く一般にトランス排除的な言説のもとも破滅的な効果とはこのような「現実《リアル》」の上書きである。それはジュディス・バトラーが「非現実化＝なかったことにすること（derealization）」と呼んだものである。

非現実《アンリアル》だと言われること、そう呼ばれること〔…〕は、人間なるものがそれを引き換えに作られるところの者（あるいはモノ）である他者になることである。〔…〕コピーと呼ばれること、非現実《アンリアル》と呼ばれることは人が抑圧される方法の一つだが、しかし、考えてみてほしい。抑圧されるということは、あなたはなんらかの主体としてすでに存在していること、支配的な主体に対して可視的で抑圧された他者として、少なくとも可能的、潜在的には主体として存在していることを意味する。しかし、非現実《アンリアル》であることはそうではない。抑圧されるには、あなたはまず理解可能であらねばならない。あなたが根本的に理解不可能だということ〔…〕を見出すことは、あなたはまだ人間へのアクセスをもっていないことを見出すこと、あなた自身があたかも、ただ人間であるかのようにつねに語っていること、しかし、あなたはそうじゃないという感覚をもって語っていることを見出すこと、あなたの言語は空虚であり、どんな承認もやってはこない、なぜなら承認が生じるところの規範はあなたのためには存在しないから、ということを見出すことである。(Butler 2004b: 30。強調原文)

この記述はまさにトランスが置かれている現在の状況を照射しているだろう。「ポストフェミニズムとしてのトランス」という幻影がトランスの「現実《リアル》」になるとき、トランスであるあなたの語りは「非現実《アンリアル》」の烙印を押され、「なかったことにされる」。そこでは、その幻影の方があなたの具体的な存在や経験よりも「現実《リアル》」として優先されるからである。トランスの「現実《リアル》」が上書きされるとき、「私はあなたの隣で生きている」というたったそれだけの「事実《リアル》」が政治的な争点になる。それは、トランス排除的な言説において、トランスが「人間」へのアクセスを奪われ、その「生きている」という「現実《リアル》」が「なかったことにされる」からである。だからこそ、そのような暴力に対して声をあげるトランスたちは、あたかもただ人間であるかのように語りながら、しかし「私」は「そうじゃないという感覚をもって語っていること」を見出さざるをえない。*7「ポストフェミニ

*7 夜のそら：Aセク情報室が語っている「未来からの産業廃棄物」という比喩はこの感覚を表現しているように思われる（夜のそら：Aセク情報室 二〇二〇b）。

ズムとしてのトランス」とは、トランスの「現実《リアル》」を上書きする「非現実化」の暴力である。

おわりに

現在、トランスにとって、「フェミニズム」も「LGBT」も十分には「安全なスペース」(あえてこの表現を用いよう)足りえていないのが現状である。とりわけ、「トランス排除的ラディカル・フェミニズム」の言説に触れて、「フェミニズム」に自らの居場所はないのだと感じるトランス当事者は多いだろうと推察される。これが「フェミニズムの現在」の姿なのか――トランスの傷や痛みを後回しにし、黙殺し、さらにはその傷を抉りさえするフェミニズムが? そしてたしかに、それが「フェミニズムの現在」の「一側面」なのだと遺憾ながら認めなければならないだろう。

しかしながら、フェミニズムのすべてが「トランス排除的なフェミニズム」であるわけでは、もちろんない。むしろ、フェミニズムは「ともにあるためのフェミニズム」でもあった/ある。フェミニズムは「女たち」内部の多様な差異をいかに思考し、そして、いかにして「私たち」が「ともにある」ことができるかを模索してきた思想であり、運動である。なぜ、このようなインターセクショナル・フェミニズムの系譜[*8]があるにもかかわらず、トランスはフェミニズムの「敵」であるかのように考えられているのか。そこに「フェミニズムの未来」があるとは到底思えない。むしろ、「フェミニズムの未来」とは、これまで「ともにある」ことを模索してきたフェミニズムの歴史的実践のなかにこそあるのではないだろうか。「私たち」がなすべきことは、その系譜を手繰り寄せ、現在に結びつけていく実践である。

＊8　この系譜に関しては、藤高（二〇二二）の第二部第二章を参照。

第六章　語りを掘り起こす——トランスの物質性とその抹消に抗する語り

過去はパフォーマティヴである。

——ホセ・エステバン・ムニョス[*1]

はじめに

私たちトランス女性は不自由にも、自分たちにもどうしようもできない仕方で女性であるからなのです。それは、私たち自身にもまったく自由にならないことなのです。もちろん、男女二分法におさまらないアイデンティティを持つひともいますが、そのひともまた、男女二分法の外部にいることを自ら自由に選んだわけではなく、おそらく当人にもどうしようもない仕方でいずれの性別にも属せないのだろうと想像します。（ゆな　二〇二〇）

「生得的女性」「生物学的女性」「男体持ち／女体持ち」……といった言葉がトランスの人たちを攻撃するために——ある人たちにとっては「必要な区別」を行うために——用いられている。二〇一八年夏頃、御茶ノ水女子大学がトランス女性を受け入れることを決定したことが報道されて以降、とくにSNS上で、「トランス排除的ラディカル・フェミニズム」の言論が活発化し、トランス女

＊1　Muñoz 2009: 28。

性はあたかも「性犯罪目的の男性」と区別がつかない危険な存在であるかのようにみなされている。トランスジェンダーとシスジェンダーを躍起になって区別しようとするトランス排除的言説では、ジュディス・バトラーの言葉を借りれば「庇護されているらしい女性性」や「誰の目にも明らかな身体の物質性」があたかも存在し（Butler 2011: ix）、トランスはその「明白な物質性」をもたない存在として表象されている。その言説においてはしばしば、トランスのアイデンティティは単なる「自称」の問題、いわば「言ったもん勝ち」の思想とみなされる傾向があり、シスジェンダーのそれよりもその価値を低く見積もられ、さらには社会的な「混乱」や「トラブル」の温床として語られている。それに対して、もちろん、例えば「#トランス女性は女性です」のように、トランスのジェンダー・アイデンティティを尊重する対抗言説も形成されている。それは当然、必要で重要な政治的主張である。しかしながら、私がここで問いたいのは、そのような言説の構造のなかで何が見失われ、抹消されているのかという問いである。

冒頭で引いたゆなの言葉は、二〇二〇年に『現代思想』に掲載された千田有紀の論考「「女」の境界線を引きなおす」に対する批判のなかにある一節である。ゆながとくに問題にするのは千田の論考における「トランス」の表象の仕方である。例えば、千田は「たまたま、「割り当てられた」身体やアイデンティティを変更して何の不都合があるだろうかという論理」（千田　二〇二〇a：二五二）の象徴的な例としてトランスを捉えており、トランスは自分の性別を自由に選択する「軽やかな主体」として表象されている。それに対して、ゆなが描こうとするのはむしろ、トランス女性にとっては「女性であること」の、トランス男性にとっては「男性であること」の、Xジェンダーやノンバイナリー、ジェンダークィアにとっては「いずれの性別にも属せないこと」の、その「どうしようもなさ」という物質性の経験である。

現在、トランス排除的言説において――そして、もしかしたら、それに対してジェンダー・アイデンティティを尊重する対抗言説においてさえ――見失われているものとは、トランスにとっての物質性、その経験ではないか。ゆなが「まったく自由にならない」「どうしようもない仕方で」といった言葉を用いるとき、ある種の強制力や拘束力、あるいは切迫性といったものの存在や経験が問題になっている。そこで彼女が描き出そうとするものは、例えば千田が描き出すトランス像――性別を自由に選択する主体としてのトランス――とは著しい対照をなす。もし「物質性」と呼ばれているものが「どうしようもなさ」や「ままならなさ」といった切迫性を指す言葉であるなら、明らかに、ゆなが指し示そうとしているのはトランスの物質性であり、その物質性が抹消されていることへの批判である。そしてまた、そうだとすれば、彼女の言葉は単に千田の論考への批判的コメントに留まるものではないだろう。それは、いまこのときだけには収まらないトランスの物質性の歴史的な抹消に抗する語りでもあるのではないだろうか。本論で私が行いたいのは、ゆなのこのような呼びかけへの一種の応答の試みであり、トランスの物質性の語りを私なりに拾い上げる試みである。

そこでまず考察したいのが一部のフェミニズムの言説の内部でどのようにトランスの物質性が語

られてきたか、そして抹消されてきたかである。第一節と第二節はそれぞれ異なる二つの型のフェミニズムの言説を検討する。ここでフェミニズムの言説を取り上げるのは、第一に、現在「トランス排除的ラディカル・フェミニズム」の言説が活発化しており、そしてその言説は必ずしも「新しい」ものではなく、これまでの「過去」の言説と連続性がある側面があるためである。また第二に、フェミニズムと言えど社会の規範からまったく自由というわけでは当然なく、そこには社会で共有されているトランスフォビックな認識を透かし見ることができるからであり、そのためトランス排除的なフェミニズムへの批判は同時に社会批評でもあるからである。

これに対して、第三節以降ではトランス自身の「物質性」の語りに焦点を当てる。そこで私はいくつかのトランスの書き手による語りを取り上げるが、その際にとくに取り上げたいのが蔦森樹のテクストであり、第三節では蔦森の経験を中心にその「物質性」を考察する。そして重要なことに、ここで私が取り上げるトランスの人たちの物質性の語りは、その「物質性」に「優先順位」をつけようとする政治に抗する語りでもあった。ここで私はそれらの「過去」の語りを「現在」の文脈のなかに引用し直すことで、〈いま・ここ〉におけるトランス排除／フォビアに抗する批判的な声として引き継ぐことを試みたい。

1　物質性の隘路(1)――「選ぶ主体」としてのトランス

ここでまず考察したいのは、フェミニズムの言説内部でトランスの物質性はいかに語られてきたかについてである。その語りのなかでとくに批判的に考察したいものには大きく二つの種類がある。そのひとつが本節で取り上げる「ジェンダーを自由に変えることができる主体」としてトランスを捉えるものである。すでに言及した千田の議論はその例のひとつである。本節ではまず、千田に認められるような「主意主義的な主体」としてのトランス観を批判的に考察し、そこで何が見落とされているのかを示したい。

千田は「性同一性障害」と「トランスジェンダー」を分けた上で次のように述べている。

「ジェンダー・アイデンティティ」は生まれながらにして所与であり、変更不可能であるからこそ、手術によって身体を一致させたいというGIDをめぐる物語が典型的に第二期的なものであるとしたら、たまたま、「割り当てられた」身体やアイデンティティを変更して何の不都合があるだろうかという論理は第三期的ななにかである〔…〕。（千田　二〇二〇a：二五一）

この記述から分かるのは、どうやら千田によると「性同一性障害者」と「トランスジェンダー」

のあいだには存在論的な差異があるらしいということである。そして、その区別において、「性同一性障害者」がそのやむにやまれぬ性別違和をもつ主体として捉えられているのとは対照的に、トランスはまるで「たまたま、「割り当てられた」身体やアイデンティティを変更して何の不都合があるだろうか」と開き直り、性別を自由に選択する主体――したがって身体の物質性を矮小化する主体――として描かれている。このような認識は、「これはトランスに限らない。美容整形やコスメ、ダイエット、タトゥーなどの身体変容にかんする言説を検討すれば、身体は自由につくりあげてよい、という身体加工の感覚は私たちの世界に充満している」（千田　二〇二〇a：二五一）という彼女の記述からも明らかだろう。そして、さらに重要な点は、彼女はトランスを「ポスト・フェミニズムの時代と親和的」（千田　二〇二〇a：二五一）な産物として捉えている点である。ポストフェミニズムとは千田によれば、性別の問題を単なる「個人の選択」の問題に還元するものである。彼女の論考では、このポストフェミニズムの「急先鋒」としてトランスが存在するかのような印象を与える記述になっている。

このようにトランスを捉える見方は、ある種のバトラー理解と肯定的であれ否定的であれ結びついている傾向がある。それは、ジェンダーをすべて「言説」や「社会的構築」、「パフォーマンス」に還元するものとしてバトラーの理論を理解するものである。実際、千田はバトラーの理論に関して「「身体」までも社会的に構築されているのだという考え方」（千田　二〇二〇a：二五一）とまとめている。このようなバトラーやクィア理論の理解もまた、千田だけでなく、多くのトランス排除的ラディカル・フェミニストの議論に認められるものである。

このようなバトラー受容は九〇年代のアメリカ合衆国のアカデミズム、アクティヴィズムにおいてすでにみられたものだ。それはジュリア・セラーノの言葉に倣えば、「すべてのジェンダーはパフォーマンスである（all gender is performance）」（Serano 2013: 105）とみなすものである。セラーノは他にこの一種のヴァリアントとして、「すべてのジェンダーはドラァグである（all gender is drag）」「すべてのジェンダーは単なる構築物である（all gender is just a construct）」も挙げている（Serano 2013: 106）。セラーノは「それは、すべてのジェンダーは性器である、すべてのジェンダーはホルモンである、すべてのジェンダーは社会化であると言うのと同じくらい馬鹿げた過度の単純化である」（Serano 2013: 105）と批判し、次のように問題提起している。「もちろん、私はジェンダーを演じることができる。私は女性らしくお辞儀をすることもできるし、女の子投げをすることもできるし、色っぽくウィンクすることもできる。しかし、どうしてある種の振る舞い方や存在様式が別のものよりもより自然なものに私に感じられるのかを、パフォーマンスは説明しない」（Serano 2013: 105-106）。単純化した言い方になるが、肯定的であれ否定的であれ、このように解されたバトラー理論――「すべてのジェンダーはパフォーマンス／構築物である」――の象徴的な例としてトランスジェンダーが捉えられていたのが九〇年代アメリカにおけるフェミニズム／クィア理論のメインストリームのシーンのひとつだったと言える。そして、そこでは「ある種の振る舞い方や存在様式が別のものよりもより自然なものに私に感じられるのか」という「物質性」をめぐる問いが置き去りにされていたのである。

このような九〇年代の状況に介入したのが、ジェイ・プロッサーの『第二の皮膚』(1998)であると言える。プロッサーは当時のフェミニズム理論やクィア理論の趨勢(とりわけ、その代表例としてのバトラーの理論)を厳しく批判した。彼は、それらの理論における社会構築主義の枠組みにおいてトランスセクシュアル(トランスセクシュアルは、トランスジェンダーのなかでも、性別適合手術を行い、自分の望む性別に身体を変えたトランスを指す)がいかに位置づけられるかを以下のように分析している。「身体が意味作用との関係において考えられ、言説の効果＝結果とみされると、トランスセクシュアルは言説――とりわけジェンダーとセクシュアリティの言説――の文字通り化と読まれるか、その脱文字通り化と読まれるか、のいずれかである」(Prosser 1998: 13)。身体を「言説の効果＝結果」に還元する構築主義理論において、トランスセクシュアルの身体は言説を「文字通り化する」か「脱文字通り化する」もののいずれかに解釈される傾向があった／ある。つまり、社会的な言説でしかないジェンダーを文字通りに受け取って体現してしまった存在か、あるいは、ジェンダーが社会的に構築されたものでしかないことをまさに身をもって暴く存在か、いずれかとして解釈される傾向にあったのである。

このような二元論からフェミニズムにおけるトランスフォビアは二通りの現れ方があることを指摘できる。前者の枠組みにおいてはトランスは「言説的構築物でしかないジェンダー」を「本質化」し、「文字通り化」し、その規範を「強化している」として非難される――トランスは「言説的構築物」でしかないジェンダーを「本質」として自然化／強化しているのだから、というわけである。しかし、ここでより考察しておきたいのは後者である。九〇年代のクィア理論において、プロッサーも言うように、トランスは後者の枠組において「祝福」される傾向があった。先の「文字通り化」とは対照的に、これはトランスがセックスやジェンダーを「脱文字通り化」し、「撹乱」するとみなす解釈である。プロッサーによれば、「最初のモデルにおいてトランスセクシュアルが性別化された身体を言語の前に位置づけるために非難されるとすれば、第二のモデルにおいては、トランスセクシュアルはセックスを言語学的なシニフィアンとして身体を超えて押し出すものだという理由で祝福される」(Prosser 1998: 14)。プロッサーはこのような「肯定的な」トランス理解に対しても批判的であり、それは「文字通り化」のモデルと同様「脱文字通り化」のモデルにおいても、トランスの「身体的物質性」が抹消されてしまうからである。

ここで重要なのは、九〇年代のフェミニズムやクィア理論においてトランスが肯定的に理解されたその理論的枠組みが現在、むしろトランスフォビアの言説の枠組みと重なっている点である。実際、千田はトランスを「たまたま、「割り当てられた」身体やアイデンティティを変更して何の不都合があるだろうかという論理」の象徴として捉えていたが、そこではトランスは身体を言説に還元し、物質性を否認し、性別を「撹乱」する存在であるとみなす存在論が認められる。そして、そのような認識論的枠組みは千田だけでなく一般に「トランス排除的ラディカル・フェミニスト」と呼ばれる人たちのイマジナリーを構成しているものでもあるだろう。トランスの存在そのものを撹乱として肯定的に理論化するのであれ、あるいは身体の物質性を無視する存在として否定的に理論化するのであれ、いずれの解釈であれトランスの身体的物質性が否認され抹消されている点では変わらない。千田の論考に認められるような「性別を自由に選択する主意主義的主体としてのトランス」という理論モデルは、プロッサーが批判した「ポストモダン的なトランス理解」に則ったものであり、それに対する価値づけを単に逆さまにしているにすぎないのである。

したがって、プロッサーの議論の要点が九〇年代のフェミニズム、クィア理論の趨勢においてトランスの物質性が抹消されているという批判にあったのと同様に、現在のトランス排除の言説においても問題なのはトランスの物質性が抹消されている点にある。実際、プロッサーが理論化しようとしたのは「身体イメージ」の「物質的な力」である (Prosser 1998: 69)。例えば、彼はそれを「肉体的記憶 (somatic memory)」という言葉で捉えようともしている (Prosser 1998: 83)。彼によれば、「トランスセクシュアルの肉体的記憶」は実際の性別適合手術に先立って存在するのであり、したがって、性別移行とは新たな身体を獲得する行為というよりも、手術に先立って存在する身体イメージに実際の身体を合わせていく行為であり、あるいはむしろ言い換えれば、身体イメージには実際の性別移行を促す「物質的な力」があるということである。プロッサーはとくにトランスセクシュアルを念頭に置いて議論を進めているが、ここで彼が指摘している物質性は、ゆなが描いていた「どうしようもなさ」の経験と重なるものだろう。そして、この「どうしようもなさ」という物質性こそ、トランス排除派の言説においてもっとも抹消されているものなのである。

2　物質性の隘路⑵——領有されるトランスの身体

他方で、「構築主義」の限界を指摘し、身体の「物質性」を救出することを試みるフェミニズムの言説も存在する。しかし、そのような「物質性」を救い出そうとする議論のなかにも、トランスの物質性に対しては結果＝効果として周縁化する語りも存在する。その例として、ここでは金井淑子のテクスト『倫理学とフェミニズム——ジェンダー、身体、他者をめぐるジレンマ』を取り上げよう。そこでとくに焦点を当てたいのは、トランスジェンダーである蔦森樹の経験に関する彼女の分析である。その分析はそのテクストの第一部の導入部分（内容的には全体のテーマの導入部分でもあろう）をなしており、金井はそこで蔦森樹の論文「ジェンダー化された身体を超えて——「男の」身体の政治学」（一九九六）を取り上げ、「構築主義の余白」としての「身体の問題」を指摘している（金井　二〇一三：一一）。このような金井の議論において、トランスの身体はその「物質性」を認められているようにみえるが、そこには「物質性」をめぐる位階秩序のようなものが想定されていることを以下ではみていく。

蔦森は一九九三年に『男でもなく女でもなく』を著しており、そのタイトルにもある通り「男でも女でもない性」を探求しようとしていた（現在の用語で言えば、Xジェンダー、ノンバイナリー、ジェンダークィアなどに当たるだろうか）。しかし、金井も着目している点だが、蔦森は、「かつて私は自分を男として疑いなく意識していた。だがそのことが自明なことでなくなった時、今度は自己の存在を男と女の中間の性に思い描くと、身体のディティールが感覚的に描けなくなった。その後、女性ジェンダー・グループにいる自分を認識しだすと、再び身体の輪郭がはっきりとしてきた」（蔦森 一九九六：一三九）という経緯を述べている。そこでは例えば、皮膚感覚が「固い」から「柔らかい」へ移行したことや、性器のアイデンティティの希薄化、目や唇、指、腕、膝などの筋肉の使い方の変化、トイレの小用もしゃがんでするようになったこと、顔つきや要望の第一印象が「威圧的」から「親和的」に変化したこと、座り方などのように身体テリトリーが無意識に占有空間を拡大していたことから意識的・反射的に縮小するようになったことなどが例に挙げられている。

蔦森が語っている「自己イメージ」――この「自己イメージ」という言葉は蔦森が『男でもなく女でもなく』で自己の経験を記述する上で頻出する用語である――は先に論じたプロッサーの言葉で言えばある種の「肉体的記憶」や「身体イメージ」と呼べるものだろう。そして、プロッサーが指摘していたように、それは「物質的な力」をもつものであり、実際、蔦森はそのような自らの「身体イメージ」によって身体形態や振る舞いなどを組織化していったと言えよう。しかし前節でみたように、過度の構築主義の枠組みではこのような「物質性」が抹消されてしまうのだった。金井に倣って言えば、蔦森はまさに身を張って「構築主義の余白」としての「身体の問題」を提示していたと言える。

さて、本節でとくに考察したいのは、このような蔦森の「自己イメージ」に関する考察のあとにつづく以下の金井の一節である。

蔦森の女性としてのジェンダー・アイデンティティと身体の自己イメージに立てば、女性がレイプや痴漢被害においてうける身体侵襲への恐怖と同質のものを抱いたとしても当然なのだが、トランスジェンダー実践者として、日々擬制である性の演技をしている蔦森にとっては、痴漢被害の場面で、自らの性の「フェイクの失敗」がパッシングの失敗として露見してしまうことへの恐怖があるのではないかとも考えられる。「なんだ、男じゃないか」。フェイクの失敗が露見することは、蔦森にとっては盲腸ほどの意味すら持たなくなっているはずの身体に残る性の痕跡が、その再ジェンダー化を無にしかねない意味を担って立ち現れてくるのではないか。（金井 二〇一三：一二）

これまで確認したように、そして金井が着目していたのは、蔦森の「自己イメージ」に関する語りだった。しかし、金井が蔦森の「痴漢被害」を取り上げ、分析するとき、その議論は「物質性」をめぐってある種の横滑りを起こしているように思われる。金井が「身体に残る性の痕跡が、その再ジェンダー化を無にしかねない意味を担って立ち現れてくるのではないか」と問うとき、そのとき彼女は何を言おうとしているのか。

「なんだ、男じゃないか」と「フェイク」が「失敗」することは、蔦森ではなく、他者――この場合は、痴漢という性暴力を行う男性——にとって、「身体に残る性の痕跡」——おそらくは性器を想定したセックス——が蔦森の「再ジェンダー化を無にしかねない意味を担って立ち現れてくる」という社会のなかの性器決定論という規範の構造を記述しているのならば、彼女の主張を理解することはまだ可能である。しかし、先に引用した一節のあとにつづく彼女の議論を読むと、どうもそのような意味での主張ではないことがわかる。実際、彼女は引用した一節のすぐあとで、ある小説に言及する。それは、デイヴィッド・トーマスの『彼が彼女になったわけ』という小説で、その内容は「歯の抜歯手術のために入院した病院で、男性が目を覚ますとなんと女性の身体になっていた」というものであり、その主人公は「最終的には「女になる」ということを受け入れて生きていく」（金井　二〇一三：一二）というSF的な内容の小説である。この小説では、主人公は身体改造以前に「女性」としてのアイデンティティや身体イメージをもっていたわけではなく、「意に反した性転換」の結果「女の身体の側に置かれた主人公が、女である身体にふさわしいものとして求められる行動に、あるときはやんわり、あるときは無理やりに馴らされていく」（金井　二〇一三：一二。強調引用者）。ここでは、「女である身体」と呼ばれているものがそれに「ふさわしい」アイデンティティや身体イメージ、振る舞いを生産するものとして位置づけられている。

もし金井にとって、蔦森とこの小説の主人公の経験が同じものであるなら、そのとき、私たちは金井のテクストを次のように読むしかないだろう。すなわち、「女である身体」と呼ばれている「文字通りの」物質的身体が「身体イメージ」を生み出すのだと。いわば、「文字通りの身体」は

「身体イメージ」や「アイデンティティ」を生み出す「原因」なのである。そのときに抹消されてしまうのは、他ならぬ蔦森の「自己イメージ」、その「物質性」ではないだろうか。そして、金井があとの箇所で、「男社会から意識的にずれようとする「だめ連」的な男たち、フェミニズムへの理解と思い入れを通して男の解放を求める男たち、メンズリブや男性学にシンパシーをもつ変わり者、〔…〕マジョリティの男たちの世界からは、落ちこぼれ視される立場の男性たち」（金井　二〇一三：四〇）の存在のなかに蔦森を数え入れるとき、この疑問はいよいよ真実味を増す。意地悪く言えば、金井が析出していた「構築主義の余白」としての「身体の問題」はトランスである蔦森の経験を介することでセックスという「文字通りの身体」のことではないという見せかけをとるために利用されながら、しかし、最終的にはシスジェンダーに馴染みの身体観に領有されるのだ。したがって、金井の理路において生じているのは、トランスにとっての物質性がシスジェンダーのそれを明示するために引き合いに出された上で後者に還元され、抹消される過程である。

ここで着目したいのは、金井の議論に認められる「物質的なものの位階秩序」とでも呼ぶべきものである。事実、蔦森や小説に関する分析において金井が語ってしまっているのは、身体のある種の「位階秩序」である。身体には様々な水準がある。蔦森の身体イメージも日々行われる実践――化粧や服装、仕草――も、またその実践を通して得られた肌や体型などの身体形態ももちろん「身体」である。しかし、金井の論述においては、これらの「擬制」に対して、「文字通りの身体」――「身体に残る性の痕跡」と呼ばれているもの――は「再ジェンダー化を無にしかねない意味」

をもったものとして優先的な位置を占める。したがって、金井の論述には、身体のなかでもより物質的な力をもつものの位階秩序が暗に想定されている。そのような位階秩序はセラーノに倣えば、シスセクシズムと言うことができるだろう。シスセクシズムとは、「トランスセクシュアルのジェンダー・アイデンティティやジェンダー表現、身体性は生得的に「フェイク」であり、それゆえ疑わしいものであり、他方で、シスセクシュアルのその対応物は「リアル」であり、それゆえ自明のものだという想定」(Serano 2013: 123)によって、トランスの「ジェンダー・アイデンティティやジェンダー表現、身体性」をシスのそれらよりも「あまり正当ではないもの、自然ではないもの」とみなす「ダブルスタンダード」のことである(Serano 2013: 114)。金井は社会構築主義の議論をジェンダーを「フェイク」とみなすものと整理し、その具体例として蔦森という一人のトランスの存在を挙げ、そして、「その再ジェンダー化を無にしかねない意味を担っ」た「身体に残る性の痕跡」を読み取る。そこには、あたかも身体のなかでも「より物質的なもの」が存在し、それは(性器をはじめとした)セックスであるという想定がある。その「物質的なものの位階秩序」は結果として、シスの身体をトランスのそれよりも「正当なもの」として表象し、トランスの身体をシスのそれよりも「リアルではないもの」として表象するのである。

本節の最後にそのような抹消の例として、まさに金井自身が取り上げ、分析していたはずの蔦森の「痴漢被害」を考えよう。蔦森は『男でもなく女でもなく』で自らの痴漢被害の経験について取り上げ、次のように述べている。「車内で男の痴漢に触られるときも、わたしは性の特定を受ける。曲げた指先があきらかに女性器を開こうとしているのがわかる。でもわたしは声をださない。次の駅で降りるだけだ。声質による性別の特定に、周囲からも自分からも責められるように感じるからだ」（蔦森　二〇〇一：一三〇）。この経験から蔦森が述べているのはたしかに金井が言うように「パッシングの失敗」への恐怖であるが、しかしここで金井の議論が「文字通りの身体」――おそらくはとくに性器を想定した――に焦点を当てたものであったのに対して、ここで明示されているのは蔦森自身の言葉を借りれば「声質のポリティクス」（蔦森　二〇〇一：二五七）である（そして、当然、声質も身体的なものである）。痴漢の被害に遭い、しかしそれを声に出すとその加害者はもちろん周囲にもトランスであることが暴露され、冷たいまなざしを受ける。それはシスジェンダーが経験することのない、トランスに特有の経験――性暴力の被害に遭うだけでなく、それを声にするとトランスであることの意図しないカミングアウトになってしまうという経験――だろう。そして、ノンバイナリーなアイデンティティをもつ当時の蔦森にとっては、痴漢の被害に遭うことそのものも、声質によって性別を特定されることも、そしてその際に自己を女／男と自分自身で説明せざるをえないことも、自己の感覚を裏切るようなミスジェンダリングに直面する経験であり、そこにはノンバイナリーにより特有な経験もあるだろう。しかし、このようなトランスに固有の経験は金井の論述においては完全に消されてしまい、セックスが「再ジェンダー化を無にしかねない意味」をもったものであるという主張に還元されてしまうのである。

3　物質性の語り

ここで、金井のテクストを批判的に考察したのは、蔦森のテクストを改めて私なりに取り上げたいからでもある。以下では、蔦森の『男でもなく女でもなく』を中心に、トランスの身体イメージの物質性に関する語りを考察したい。すでに確認したように、蔦森は「ジェンダー化されない身体を模索し、階級のないそのような身体存在を夢見た」が、同時に、「それはあまりにも透明で実体がなく、認識できる身体・肉体としてこの世に存在しようにも無理なことのように感じられた」とも述べており（蔦森　一九九六：一四六）、蔦森のテクスト群はきわめて「構築主義的な」議論を展開しつつも、金井の表現に倣えば「構築主義の余白」としての「身体の問題」を提示しもしていた。それは単に言説上の矛盾として片づけられるべきではなく、一個の実存の豊かなドキュメントと考えるべきであるだろう。

このように、蔦森は「男でも女でもない身体」を探求し模索したが、そのような理想を抱きながら、その旅路は同時に、自分のなかに住まうジェンダー・イメージにくり返し直面するものでもあった。例えば、蔦森は次のように述べている。

わたしは、〈男〉から限りなく遠ざかりたい。かといって、〈女〉になりたいわけでもない。わたしがわたしでしかない安らぎは、わたしを固有名詞ではなく二つの性のいずれかで認知する街に、一歩入ると粉々になる。〈男〉でない何か。〈女〉でない何か。でも自分が好きなスタイルでいれば〈女〉が表す何かに近いものになる。わたしはそういう男であるだけだ。でも心の中でそう言うとき、〝男〟を強調している自分に気づく。（蔦森　二〇〇一：一三一）

このように、蔦森は「〈男〉から限りなく遠ざかりたい」、「かといって、〈女〉になりたいわけでもない」のだが、その自分の「好きなスタイル」は他者から「〈女〉が表す何かに近いもの」として認知されてしまう。そしてここでさらに重要なのは、このようなことが単に「他者から見られる」という経験においてだけではなく、他ならぬ自己自身の感覚や認知においても生きられているということである。「身体に、自分の好きなイメージだけを組みつけたい。でも好きなイメージは、〈女の〉とされるもの、〈男の手がかりのない〉状態の数々にある。このバイアス以外のシナリオを知らない」（蔦森　二〇〇一：一三四－一三五）。

それはバイアスである、しかし、そのバイアス以外のシナリオを私は知らない。それが社会的に構築されたものだとしても、私たちはそれからまったく自由に生きることはできない。だからこそ、「外見など取るに足らないこと、どうでもよいことだと、断定的に言う人たちを私は疑う」と蔦森は言う、「似合う似合わないという一見純粋な個人的感覚も、自分らしさという独立した思いも、実のところは生きていく過程で身に滲みこませてしまった、男と女は別のものであることを前提とする範囲内での選択にすぎない。〔…〕／そして、育ってしまった文化や人間の歴史の積み重ねに、私もまた巻きこまれている。この前提は私の中に巣喰っているものでもあるのだ」（蔦森　二〇〇一：一二〇－一二二）。したがって、蔦森は次のように問いかけている。「どんなことであっても人は、そのイメージなくして形を保つことができないのではないだろうか」（蔦森　二〇〇一：一二二。強調引用者）。

同様の語りは例えば『トランスがわかりません!!』におけるるぱん4性やたかぎの語りにも見出すことができる。るぱん4性は自分に胸があることに違和や嫌悪を感じ、自らの胸を切除する手術を行うが、すんなりと手術を決意したわけではなかった。「女性の胸」に対して人々がもつイメージが社会的に作られたものであることを、るぱん4性は十分に認識しており、しかしその上で手術に踏み切った経緯を次のように振り返っている。「セクシュアリティの多様性を知り、性の文化的刷り込みを知り、世の中の性システムもわかるようになった後、ふくらんだ胸はそれだけであって、それ以上でもそれ以下でもないとわかっても、私は自分を胸の気持ち悪さから解放することができなかった」（ROS　二〇〇七：七四－七五）。そして同書のなかで、たかぎもまたトランス当事者の立場から、「身体はもはや「意味抜き」では存在し得ないのではないだろうか。なぜなら、私たちは生育上、意味があるものと教育され、刷り込まれている。身体はもはや「ただそこに在る」ことを許されない」（ROS　二〇〇七：六五）と述べている。そして、これらのるぱん4性やたかぎの語りはまた、次の蔦森の言葉とも反響するだろう。「くどいようだが、何かをしてしまうことでは、この世にいる誰もが同じだ。そして、どういうバイアスをかけようが、人は生きたいように、生きられるだけ生きていく。存在し続けていくのだ」（蔦森　二〇〇一：二三〇－二三一）。

レオ・ベルサーニが『ホモズ』のなかで述べているように、「私たちがもはや自然であるとは〔…〕考えていない異性愛規範やジェンダーの構造、それらの内部から私たちが欲望することを学んでしまっていることは、おそらくは不幸なことであろうが、間違いなく真実である」（Bersani 1995: 6。強調原文）。ここでベルサーニが述べていることはトランスにとっての身体イメージに関しても言えるのではないだろうか。身体イメージを「生物学的な本質」として考えることはできないし、なにかが「自然に感じられる」と言っても、それは「自然のように感じられる」のであって、「自然として本質的に存在する」ということではない。しかし、それが社会的に構築されたものであったとしても、だからといって私たちはそれを自由自在に組み替えることができるわけではなく、むしろ、たとえバイアスであったとしても私たちの存在や欲望のあり方を強く方向づけるものとしてある。私たちの欲望や身体イメージは文化の「内部」で、その「交渉」を通して、形成され、各自において生きられる。それは変化に閉じたものではないが、しかし、ある種の「物質的な」拘束力をもつ。明かに、蔦森やるぱん4性、たかぎが語っているのは、身体イメージがもつ「物質的な力」であり、その「まったく自由にならない」「どうしようもない」物質性の経験ではないだろうか。

言い方を換えるならば、金井が指摘していた「構築主義の余白」としての「身体の問題」は、日本においては九〇年代から二〇〇〇年代にかけてトランス・コミュニティの一部からすでに提起されていたと言えるだろう。フェミニズムにおいて主流であった「セックス／ジェンダーの区別(sex/gender distinction)」――あるいは、「体の性／心の性」の区別もそうであるが――においては捉えることのできない身体性(embodiment)がこのときすでに提示されていたのである。それらの語りは身体を「単なる物質」とみなすのでも、あるいは社会的言説の「単なる構築物」とみなすのでもない「生きられた身体」の理論を語っていたと言うべきだろう。当時の時代の制約、そこで得られた用語群のなかでとはいえ、しかし、いくつかのトランスの人たちはたしかに自らの物質性を語っていたのであり、そして、その語りはいまだ、現在の私たちにとっても「宿題(homework)」でありつづけているのである。

おわりに――物質性の「優先順位」に抗して

バトラーは『問題《マター》＝物質《マター》となる身体』で、「性別《セックス》」を「それによって「人」が生存可能になる規範のひとつであり、文化的理解可能性の領域内で生きる資格を身体に与えるもの」(Butler 2011: xii)と規定している。つまり、そこでバトラーが批判的に問うたのは、どんな身体が生きる価値のあるものとしてカウントされ、どんな身体がカウントされないのか、その境界線を引く規範の存在としての「性別」である。そして、まさに現在のトランス排除的言説において、トランスの身体はシスの身体よりも明らかに生の資格を奪われているか周縁化されている。だからこそ、私たちにとって「問題なのは身体」なのである。

私たちが部分的にとはいえみてきたトランス・コミュニティのなかでなされた身体に関する語りはまた、物質性の「優先順位」に抗する語りでもあったと言える。実際、蔦森は二〇〇〇年に書かれた記事のなかで「最近の好意的ＧＩＤ言説」に関して、「「相対的に標準」なるものからの変形（逸脱）を構造的に階級化し、それを排除する社会システム」（蔦森　二〇〇一：二七三）を問うている。また、吉野靫は蔦森の仕事を引き継ぐように、二〇〇八年初出の論文「『多様な身体』が性同一性障害特例法に投げかけるもの」で、「ＧＩＤ規範」――すなわち、「本物のＧＩＤであるならこう振る舞うべきだとか、パスするためにこういう努力をすべきだとか、髪型や服装が「らしくない」だとか、まさに一挙手一投足にまで及ぶ規範」（吉野　二〇二〇：五九－六〇）――を批判した。あるいは、るぱん４性は二〇〇七年に出版された『トランスがわかりません!!』の経緯のひとつとして、「わかりやすい典型的なＧＩＤ的経験を、腑に落ちないままなぞって同化したり、結局は医療と法律に絡み取られてしまう形での、当事者の語り口が、変わっていく」ことを挙げており（ＲＯＳ　二〇〇七：二二五）、事実、そのような「典型的なＧＩＤ的経験」には収まらない語りが同書では数多く掲載されている。

あるいはまた、「トランスジェンダー・フェミニズム」を提唱したＦＴＸトランスジェンダーの田中玲はその論考「クィアと「優先順位」の問題」で、まさにこの「優先順位」の問題について語っている。そこで田中は二〇〇七年の日本女性学会大会のシンポジウム「バックラッシュをクィアする」で自身のDVの被害について報告した。そこで田中は聴衆の女性（おそらくは、ヘテロセクシュアルでシスジェンダーの）から、「優先順位が違う」という言葉を投げつけられたのである。あるトランスのDV被害は、ヘテロセクシュアルでシスジェンダーの女性のDV被害よりも「優先順位が低い」とみなされたのだった。田中はこのような「優先順位」の政治に反対して、次のように問うている。「権力者や差別する側の階層が自分たちから、非差別階層を分ける考え方はどこにでもある。名指されるのは、女性だけでなく、レズビアン、ゲイ、バイセクシュアル、トランスジェンダー、インターセックス、セックスワーカー、HIVポジティブ、身体障がい者、精神障がい者、知的障がい者、被差別部落出身者、外国人、ホームレス……、ダブル（二重）やトリプル（三重）のマイノリティも当然いる。その中で「優先順位」を付ける意味はあるのだろうか」（田中　二〇〇七：四六）。

ここで九〇年代から二〇〇〇年代のトランスたちの語りの一部を改めて〈いま・ここ〉で引くのは、そこにみられる「物質性の優先順位に抗する語り」を引き継ぎたいと考えるからだ。その語りを掘り起こし、召喚し、再演することは、トランス排除的言説が吹き荒れる現在においてどのような意味をもつのだろうか。明白なのは、トランス排除的言説がトランスの身体の物質性を抹消するか周縁化するものであり、そこにはセラーノの言う「シスセクシズム」が働いていることである。それは、私たちの身体に優先順位を設定する政治のひとつであり、シスの身体を「物質的なもの」

として表象し、反対にトランスの身体を「単なる選択」や「フェイク」とみなして「物質性」を剝ぎとるものである。たしかに、ここで私が取り上げたトランスたちのテクストが住まう時代と現在とでは文脈は大きく異なるが、それでもこれらの人たちの語りは現在のトランス排除／フォビアに対してラディカルな批判的潜勢力をもつものではないだろうか。ホセ・エステバン・ムニョスは「過去はパフォーマティヴである」(Muñoz 2009: 28) と語っている。「過去」の言説はしばしば〈いま・ここ〉でなされている議論よりも「古びた」「時代遅れの」議論と考えられがちだが、ここでムニョスが指摘しているのは、〈いま・ここ〉から排除された「過去」の言論にむしろ〈いま・ここ〉を問いに付し、それを超えるような「未来」が賭けられているという可能性である。あるいは、サラ・アーメッドのフェミニズムに関する議論を敷衍するなら、ここで私が行ったトランスの人たちの言葉の「引用」はトランス的「煉瓦 (bricks)」(Ahmed 2017: 16) と言えるだろうか。その「煉瓦」を積み重ねることを通して、「私たちは自分たちの住処を創造する」(Ahmed 2017: 16) のであり、その「住処」はまさに、トランスの物質性を抹消する政治を批判し、その圧力から守られるために創造されるのだ。

以下に本章の最後で私が引用したいテクストは驚くべきことに二〇〇〇年頃に書かれたものだ。それは、Xジェンダーである森田MILKのテクストのなかにある「TG自助グループの約束事」という文章で、一九九七年からはじまった「TGブランチ」の自助活動のなかで得られた「約束事」を言語化したものであり、あるいはまさにその「約束事」はまさにそれ自体トランス的な「煉瓦」である。それが当時のコミュニティにおいて／向けて書かれたものであることは明白である。しかし、それをいま・ここで引用することには明らかにそれ以上の意味があるだろう。私は最後に、解説なるものを挟むことなく、その言葉をただ引用することでもって本章を閉じることにしたい。

・TG自助グループの約束事

1．性器形成術や性ホルモンをはじめとする身体の変更について。

どうしてもそれが必要な人たちがいる。また一方で、身体的性別違和があっても、手術や性ホルモン使用を我慢できる人もいる。しかしだからと言って、そういう人がTSでないとか、性同一性障害や身体的性別違和がないとか軽いとは限らない。

また逆に、手術しなければ生産的な人生を始められない人たちがいる、という事実を否定してはならない。そういう人たちは我慢や工夫が足りない、という考えは間違っているし、事実にも反している。

2．フルタイムとパートタイムの生活について。

私たちのなかには、〝フルタイム〟と呼ばれる、自分の望む性別でずっと生活している人たちもいる。また一方で男性モードと女性モードを行き来する、〝パートタイム〟という人たちもいる。

フルタイムになりたいのにさまざまな事情でそうできない人たちや、女性としての自分も男性としての自分も捨てることができない人たちもいる。しかしフルタイムの人たちが、それによってたとえ仕事や収入、家族や社会との関係を犠牲にしているからといって、我慢が足りないとか甘えている、ということにならない。

また逆に、パートタイムの人たちが、そういう生活をなんとか受け入れられていたり、あるいは安住していたり、時にはそれを楽しんでいるからといって、性同一性障害や社会的性別違和がないとか軽いとかいうことは限らずしも言えない。

3. パスとノンパスについて。

〝パス〟とは自分の望む性別で人から見られることである。私たちの多くはそれを望んでいる。でも、身体上のさまざまな制約から、そうは見られないで〝ノンパス〟(リード)となっている場合も少なくない。またそもそもパスを望んでいなかったり、優先順位がかなり低い〝クイア派〟という人たちもいる。

ノンパスやクイア派の人たちが、自分の望む性別のスタイルで外出したり、フルタイムになったり、時にはマスコミに出たりすることさえある。また逆に、「自分はできないから」という理由で、そういったことをしない人たちもいる。しかしそれは、その人その人の価値観や置かれている状況によって、それぞれが判断すべきことであって、他者に自分の判断を押しつけてはならない。

4. プロセス派とノンプロセス派。

性同一性障害や性別違和を抱えている当事者のなかには、〝普通の女性〟や〝普通の男性〟に同化し、溶けこんでしまいたいと考え、〝トランス〟ということが、そうなるまでのプロセスに過ぎない人たちがいる。また逆に、〝男でも女でもない状態〟が、むしろその人本来の状態に近くて、それで安定した気持ちで生活を送れるという人たちもいる。それはどちらが正しいとか間違っているとか、優位であるとか、私たちの課題の中心であるとか周辺であるとかいう問題ではない。

5. 不幸くらべはやめよう。

〝トランス―性別を超えること〟は現代の日本ではとても困難で大変なことである。どういう選択をしても、それがイバラの道であることに代わりはない。誰もが苦しみ、困難に直面している。ただ、その内容が大きく違っているだけだ。

自分（たち）だけが特別苦しんできたとか、自分以外の誰かがよりお気楽に見えたとしても、それは必ずしもそうとは限らない。〝不幸くらべ〟や〝不幸自慢〟は、生産的なものを何も生み出さない。そうすることによって自分自身も傷つき、まわりの人も傷つき、そのあげく、ただ人間関係を損なう結果にしかならない。

6. あなたは何を捨てられる人で、何を捨てられない人なのか。

性同一性障害や性別違和を抱えているからといって、みんな同じではない。優先順位がみんな違う。身体の変更が優先する人もいれば、フルタイムの生活が優先する人もいる。それが衣服であるという人もいる。パートナーとの関係が優先するという人もいれば、仕事や家庭が最優先という人もいる。それはNon-GID（性同一性障害のない人）の人たちを見れば当然のことであり、よくわかるはずだ。

トランスという大事業に必要なのは、それぞれの人にとって、何が最優先のことなのか、自分が何を捨てられる人で、何を捨てられない人なのか、それをはっきりさせること。そして、自分を基準にして、ほかのメンバーに特定の選択や価値観を推しつけないことである。

何を選択するべきか、人によってみんな違う。自分の状態や価値観からなされた判断を他者に推しつけることは、この自助グループを崩壊に追いやるだろう。[*2]（森田　二〇〇三：一六六―一六八）

＊2　この「約束事」はネットの方では以下のもう一点がつけ加えられている。「7．性的指向を問わない。トランスであること（自分は女なのか、男なのか、そのほかなのか）ということと、性指向（誰が好きか、両性愛なのか、同性愛なのか、異性愛なのか、そのほかなのか）は別の問題である。トランスだからといってＦＴＭは女性を好きになり、ＭＴＦは男性を好きになるのが当たり前ではなく、好きになる対象は人それぞれである」（http://www5e.biglobe.ne.jp/˜gfront/c-tr-ruru.html）。

第七章

トランス・アイデンティティーズ、あるいは「名のなかにあるもの」について

問題なのは〔…〕アイデンティティだけではない。そのアイデンティティが創造される世界もまた重要なのだ。

——L・H・スターリングス[*1]

はじめに

例えば、ベル・フックスは一九八一年に、「私は女ではないの？（Ain't I a woman?）」と問うた（フックス　二〇一〇）。それは当時のフェミニズムにおいて表象されていた「女」という主体が「白人女性」を中心としたものだったからである。フェミニズムが「白人女性」を、黒人解放運動が「黒人男性」をその中心的主体として表象するとき、「黒人女性」の存在はそれらの運動の内部からさえも「なかったことにされる（derealized）」。そのような「抹消」への「怒り」から、フックスは例えばキャロル・ギリガンの理論に対して次のように述べている。

そのころ、キャロル・ギリガンのような思想家をはじめとするフェミニストたちは、女性は男性より思いやりが深く倫理的なのだと繰り返し言っていたが、女性たちが自分より力のない女性に対してどう振る舞ったかの現実を見れば、そんなことはないとわかる。自分が属していると思う民族的、人種的な集団のなかで女性たちが見せる思いやりの精神は、共感や一体感や連帯感を

＊1　Stallings 2015: 234。

感じない人たちにまで拡大されることはない。（フックス　二〇〇五：一九五）

フックスはギリガンの理論に対する怒りを隠さない。たとえ理念的な水準であれ「女」という主体を「ケアの主体」として表象するとき、フェミニズム内部で「黒人女性」にふるわれた暴力の歴史が隠蔽されてしまう。フェミニズムに対して「私は女ではないの？」と問いかけることは、そこで自明視されている「女」とは何か、それは誰のことを指しているのか、その名／アイデンティティから誰が排除されているのかを問うことである。そして、このことは名／アイデンティティが単なる記号やラベルの問題ではないことを示している。個人的・集団的を問わず、名／アイデンティティをめぐる問題は「生死を賭けた闘い」である。

吉野靫は『誰かの理想を生きられはしない』（二〇二〇）で、自らが経験したトランス・コミュニティにおける暴力や排除の経験を書いている。吉野は二〇〇六年に胸を取り去る手術を行ったが、「左側の患部はすべて壊死となって脱落」し「皮膚の一番深いところまで駄目になった」（吉野　二〇二〇：一六）。手術のリスクに関する説明もなく、術後のQOLの重要性に関してもまったく理解しておらず、それどころか「過失は一切ない」と開き直る病院側の不誠実に直面した吉野は、二〇一〇年三月一九日までつづくことになる裁判を決意する（吉野　二〇二〇：一六－一七）。その裁判の間に吉野を傷つけ苦しめたのは病院側の不誠実だけではなかった。「はたしてバッシングはやってきた。外見や性的体験への揶揄は匿名掲示板で行われた。内容は予想通りだったので、来るものが来たと思っていた。何よりも堪えたのは、「性同一性障害」やトランスジェンダーの当事者からのメールや、自助グループやコミュニティ関係者による、根拠のない非難である」（吉野　二〇二〇：二一－二二）。それらの非難は例えば次のようなものだった――「ヨシノの外見や服装はFTMらしくない」「男に見えない」「肌がきれいだし化粧もしているのではないか」「裁判を起こすことによってトランスジェンダーがトラブルメーカーだと思われる」「覚悟の足りないモンスター患者」「性同一性障害への制度を中途半端な者に使ってほしくない」「医者とは対立すべきでない」「この裁判のせいで医療が停滞するかもしれない」「制度が進むうえで犠牲はつきもの」……（吉野　二〇二〇：二二）。吉野の現在もなお生きられている傷は、壊死のショックや病院側の不誠実はもちろん、「同じ」境遇にある当事者たちによる無理解な言葉によるものでもある。「同じ」当事者間でならお互いに理解し合えるというのは幻想であり、むしろ、ときに当事者間でこそ、暴力は苛烈なものになることがある。

清水晶子は「「同じ女性」ではないことの希望」で、「トランス嫌悪的な言説への反論」としてSNS上で提唱されたハッシュタグ「#トランス女性は女性です」に関して、鈴木みのりのテクスト「わたしの声の複数――トランスジェンダー女性の生／性の可能性を探って」を取り上げながら考察している。トランス嫌悪的言説とは、「女性というカテゴリー、女性の空間、女性の大学やコミュニティなどをシスジェンダー女性（トランスジェンダーではない女性）だけに開かれたものと考え、トランス女性をそこに属すべき〈女性〉とは異なる存在と見なす主張」（清水　二〇二一：一四七－一四八）である。「#トランス女性は女性です」はこのような排除への対抗言説である。しかし、清水がここで問題にしているのは、「トランス女性が女性であれば、トランス女性はシス女性と同じ女性だということになるのだろうか」という問いである。その問いを考える上で、「「トランス女性も女性です」という「単純化」は「まとめきれない様々な人々の声」をかき消してしまうのではないかと危惧する」鈴木の言葉を引きながら、清水は次のように述べている。

彼女が「私は女です」と名乗れない／名乗らないのは、シスジェンダー女性が服装や振る舞いに女性らしさを求められる経験、あるいはジェンダー規範への違和感を覚える経験と、トランスフェミニンな人々のそのような経験とは、同じものではない、と彼女が感じているからではないか。〈女性〉という語が圧倒的にシス女性の経験だけを指し示すものと理解されている現状で、その理解を保持したままそこにトランス女性の経験を「単純」にまとめてしまったら、彼女たちの経験の固有性はかき消されたままになってしまう、と。だとすれば、一見逆説的にみえるかもしれないが、私たちはこう考えるべきではないだろうか――「トランス女性は女性だ」と言うことは、トランス女性とシス女性とは同じ女性ではない、と言うことでもある。（清水 二〇二一：一五〇。強調原文）

ここで私が考察したいのは、同じことが〈トランス〉というカテゴリーにも言えることである。「あのトランスとこのトランスは違う」し、自らのありようを記述する言葉はその「個人的なもの」まで含めばリスト化が不可能なほど多様なものだろう。さらには、たとえその名／アイデンティティが「同じ」ものだったとしても、その個々の使用やニュアンスは異なることがある。つまり、その「名のなかにあるもの」[*2]は必ずしも「同じ」ではない。

たとえ、ある人と別の人が「同じ」名／アイデンティティを用いていたとしても、その人がその名に賭けているものとは一体何なのだろうか。「名のなかにあるもの」に想像力を働かせることは、その名／アイデンティティ、そしてそのなかに賭けられているものを「良い／悪い」と判断することではない。そのような「判断＝判決（judgement）」は想像力を停止し、他者を攻撃する「道徳的暴力」へと容易にスライドする。「名のなかにあるもの」を想像することはむしろ、そのような暴力をこそ停止することで他者への倫理的構えを準備するものではないだろうか。

1

吉野の著作『誰かの理想を生きられはしない』は二〇二〇年に出版されたが、同書を構成してい

＊2　「名のなかにあるもの」という表現は直接的にはHalberstam 2018の第一章から借用したものであるが、ハルバースタムのこの着想はStallings 2015からきたものだろう。

る各論文、例えば第一章と第二章の元になっている論文は二〇〇八年に掲載されたものである。吉野はその「はじめに」で「過去に発表してきた論文を、基本的には初出の状態で収録した」（吉野二〇二〇：三二）ことを断っている。それは正確を期して言えば、そのそれぞれの論文が再構成を許さなかったと言うべきなのかもしれない。吉野が各論文を執筆していたその時と、それらを著作として公刊した時とのあいだのタイムラグのなかで、トランスをめぐる社会的状況はずいぶん変化したように思われる。なんといっても「ＬＧＢＴ」という言葉が社会的に認知されるようになったし、御茶ノ水女子大学をはじめ女子大学がトランス女性の入学を許可するなどのインクルーシブな動きもみられる。また、ＤＳＭからは「性同一性障害（gender identity disorder）」という記述が消え、「性別違和（gender dysphoria）」という言葉にとって代わり、ＷＨＯが作成しているＩＣＤ（国際的な疾病の分類）においてはついに「精神疾患」から「性の健康に関連する状態（Conditions related to sexual health）」のカテゴリーに移行し名称も「性別不合（gender incongruence）」に変更され、「トランスジェンダーの脱病理化」は確実に進行していると言える。他方で同時に、日本ではＸ（旧Twitter）を中心に、「トランス排除的ラディカルフェミニズム」と呼ばれる反動的なトランスフォビックな運動も活発化している（トランス当事者にとっては、こちらの方が深刻な変化であるだろう）。ポジティヴな意味でもネガティヴな意味でも、「トランス」の認知は、吉野が各論文を執筆していた頃に比べて大きく変化した。実際、吉野自身、二〇一五年に掲載された自身の論文「砦を去ることなかれ」を振り返って、「砂漠のような心象風景で本論が結ばれているのは、「ＬＧＢＴ」という語が広まっていることへの困惑が反映されたものであ」り、「困惑しつつも、砦――自ら経験したことを手放さずに考え続けたいと思ってタイトルを決めた」と述べている（吉野 二〇二〇：一八五）。その〈ラグ〉のなかで吉野が各論文を再構成できなかったのはおそらく、その論文を書いていた時期の、その論文のなかのなかにあるものの歴史が現在忘却されているのではないかという危機感からであるように思われる。サブタイトル「とり残された者のためのトランスジェンダー史」にはまさにこの危機感が反映されている。吉野の著作は「本論」と「補論」によって構成されているが、この語りの二重性が示しているのは、二つの時間性を生きている吉野の困難な場所――砂漠あるいは砦――である。

そこで記述されている問題のひとつは、「GID規範」と吉野が呼んでいるものである。GID規範とは、「GID（性同一性障害。gender identity disorder の略）」の「模範像」のことであり、「本物のGIDであるならこう振る舞うべきだとか、パスするためにこういう努力をすべきだとか、髪型や服装が「らしくない」だとか、まさに一挙手一投足にまで及ぶ規範」（吉野 二〇二〇：五九―六〇）のことである。そして、いわゆる「特例法」つまり「性同一性障害者の性別の取扱いに関する法律」はこのような規範の「一側面を取り出した」（吉野 二〇二〇：六〇）ものであり、特例法は「結婚しておらず、子どもを持ったことがなく、生殖機能を持たず、性器形成を行った者こそを「GIDの本流」のように扱い性別変更の許可を与えることで、傍流を回収／排除する力を生み出したのである」（吉野 二〇二〇：四四）。

吉野がこのような「GID規範」について批判的に記述していたのは、このような規範が「ときに当事者間の相剋を生み、罵り合いに発展」（吉野　二〇二〇：六〇）していたという歴史的状況においてであり、「トランスジェンダーよりも「性同一性障害」の方が有名で、影響力のある状況」（吉野　二〇二〇：二二）においてである。吉野自身「はじめに」で自らの過去を振り返って、「かつて「性同一性障害」を仇のように思っていた。その診断にまつわる抑圧、制度のあり方、コミュニティ関係者の態度など全てが厭わしかった」（吉野　二〇二〇：三二）と述べているが、この語りの過去形からはかつての「GID規範」への批判が現在当時と同じほどのアクチュアリティをもっていないことに吉野が自覚的であることを看取できる。そして実際、吉野はこの言葉に続けて次のように述べている。「だから最近、トランスジェンダーに近い位置にいる若者が「性同一性障害という言葉に思い入れは全くなく、縁遠い」というのを聞いて、なんとなく溜飲の下がる思いがした」（吉野　二〇二〇：三二）。

吉野の立ち位置の困難さは、いまもなお「生きられた傷」を抱えながら、しかしその「傷」の歴史が風化されようとしている状況のなかで、その二つの時間性／歴史のあいだで引き裂かれながらもなお語ろうとする、その位置にある。吉野が語っているのはしたがって、「日本特有の「性同一性障害」史」の「「正史」が選ばなかった出来事や視点、人物、メディアが見落として報道しなかった」（吉野　二〇二〇：三三）ことだけではない。それは、「LGBT」の「T」として表象されている「トランスジェンダー」からもとり残された歴史である。そして、吉野が先に引いた言葉につづけて強調しているのは、「GID規範」は決して「過去の遺物」ではないということである。それは現在のトランスもまた、手術をしたり、戸籍を変更しようとする際には直面せざるをえない問題であるということである（吉野　二〇二〇：三二－三三）。

ところで、ここで吉野の議論に加えて私が考察してみたいのは、このようなGID規範が現在、姿を変えて、トランス・コミュニティの外部で反復・再生産されているのではないかという可能性である。トランス排除的言説の、すべてではないがその多くは、GID規範と重なるところがある。例えば、「GID」と「トランスジェンダー」を執拗に存在論的に区別しようとする言説／欲望がそれである。トランス排除派の人たちはGIDとトランスジェンダーを分断し、前者の存在には正当性を付与し、後者はその正当性から締め出そうとする傾向がある――あたかも、判決を下す裁判官や犯罪を取り締まる警察のように。

このような区別はまた、すでに確認したように、千田有紀の論考「「女」の境界線を引きなおす」に明白にみてとれる。千田の論考において、「性同一性障害／トランスジェンダー」は、彼女が記述する「ジェンダー論」の「第二期」と「第三期」にそれぞれ割り振られている。彼女は「ジェンダー論の第二期」を「「身体」までも社会的に構築されているのだという考え方」（千田　二〇二〇a：二五一）とし、それに対して「第三期」を「身体もアイデンティティも、すべては「フィクション」であるとされるのであったら、その再構築は自由におこなわれるべきではないかという主張」（千田　二〇二〇a：二五一）とまとめ、次のように述べている　。「「ジェンダー・アイデンティティ」は生まれながらにして所与であり、変更不可能であるからこそ、手術によって身体を一致させたいというGIDをめぐる物語が典型的に第二期的なものであるとしたら、たまたま、「割り当てられた」身体やアイデンティティを変更して何の不都合があるだろうかという論理は第三期的ななにかである」（千田　二〇二〇a：二五一）。

「たまたま、「割り当てられた」」という記述や、「これはトランスに限らない。美容整形やコスメ、ダイエット、タトゥーなどの身体変容にかんする言説を検討すれば、身体は自由につくりあげてよい、という身体加工の感覚は私たちの世界に充満している」（千田　二〇二〇a：二五一）といった言葉から明らかなのは、彼女がこの「第三期」なるものの象徴として（「性同一性障害」から区別された）「トランスジェンダー」を捉えている点である。そして、見落とされがちだが重要なのは、彼女はこの「第三期的なもの」を「ポスト・フェミニズムの時代と親和的」（千田　二〇二〇a：二五一）なものとして表象している点である。したがって、彼女は明確に、フェミニズムに対する反動的な存在として――つまり、性別の問題を社会的、政治的問題としてではなく「個人の選択」の問題に還元するポストフェミニズム的存在として――トランスを捉えているのである。

そして、このような彼女の（そして、トランス排除派の言説によくみられる）「性同一性障害者／トランスジェンダー」の区別は、「LGBTには生産性がない」という主張で大きな社会的問題になった杉田水脈の論考「「LGBT」支援の度が過ぎる」で表明されているものとほぼ一致する。杉田は「LGBT」に税金を使うべきではないと主張したことで批判されたが、「性同一性障害」は

「障害」だから「医療を充実させるべき」とも主張している（杉田 二〇一八：五九）。しかし他方で、「自分が認識した性に合ったトイレを使用することがいいことになるのでしょうか」と問い、「Tに適用されたら、LやGにも適用される可能性だってあります。自分の好きな性別のトイレに誰もが入れるようになったら、世の中は大混乱です」（杉田 二〇一八：六〇）とも述べており、明示的に「T」を攻撃している。そこには、「GID」と「T」を区別し、後者を、性別を好きに選択し、例えば「自分の好きな性別のトイレ」を自由気ままに使用する主体であるとみなす認識論的枠組みがあるのではないだろうか。杉田にとっての「T」とは千田の言葉をあえて借りて言えば、「たまたま、「割り当てられた」身体やアイデンティティを変更して何の不都合があるだろうか」（千田 二〇二〇a：二五二）と居直ってみせる主体なのである。

「GIDは良い／Tは良くない」という杉田の主張は一見すると矛盾した言明に聞こえるが、実は右派の論理としては一貫している。なぜなら、「GID」と「トランスジェンダー」を存在論的に分かつ決定的な要素がもし存在するとすれば、それはただひとつ、証明書の有無であり、つまり、国家――具体的には、その権威を実行に移す門番《ゲートキーパー》的存在としての医者――によって認められているか否かの一事にしかないからである。この点でむしろ一貫していないのは、トランス排除派の人たちである。なぜなら、彼／女たちがGID／トランスを区別するとき、そのときに依拠されるのは実質的には国家的権威だからである。この観点からさらに付言しておけば、トランス排除派がしばしば言及する「生物学的女性」なるもの、その「生物学的」を保証するものは彼／女らにとって、紙《ペーパー》――各種の証明書、例えば出生証明書とか戸籍、ＧＩＤ診断書――ということになる。もし、「ＧＩＤは良い／トランスは良くない」のなら、そして、トランスを排除して「生物学的女性」を定義するのなら、彼／女たちは身体の物質性について語りながら、実際にはいつも紙の話をしているのである。[*3] 身体の問題を無視し、矮小化し、馬鹿にしているのは、トランス排除派の人たちの目にはトランス・アクティヴィストやクィア理論家に映るのかもしれないが、実は彼／女たちの方なのである。彼／女らにとって、身体とは紙である。彼／女らは究極の言説構築主義者である。

　このように明らかに、吉野が記述したＧＩＤ規範の問題は決して、過去の問題として過ぎ去ってはいない。吉野が指摘した「本物のＧＩＤであるならこう振る舞うべきだとか、パスするためにこういう努力をすべきだとか、髪型や服装が「らしくない」だとか、まさに一挙手一投足にまで及ぶ規範」（吉野　二〇二〇：五九－六〇）は現在、トランス排除的な言説のなかで姿を変えて反復・再生産されているのである。

　そして、ＧＩＤ規範やトランス排除に共通して認められるのは、他者の生／アイデンティティを道徳的に判断しようとする欲望である。ある生／アイデンティティを「良い／悪い」と判断するこのような道徳的判断を、ジュディス・バトラーは「非難＝有罪判決（condemnation）」と呼んでいる。「非難＝有罪判決」とは「判断（judgment）」の一形式であり、「判断する者と判断される者のあいだに存在論的区別」（Butler 2005: 46）を設け、その上で「他者を認識不可能なものと規定する方法」（Butler 2005: 46）である。それは「判断される者との共同性を否認して自己を道徳的だ」（Butler

2005: 46）と僭称する行為であり、いわば他者に「見切りをつける」方法である。

「判断＝判決（judgement）」とはこの意味で、他者に「有罪判決」を言い渡す行為である。そこでは「判断される者との共同性」――他者とともに生きること――が否認され、その上で、他者と区別された自己の存在が道徳的な存在に高められる。「判断」が他者とともに生きることを否認する方法であるのなら、私たちはこのような判断を停止し、判断の手前で、あるいはそれを超えて、他者とともに生きる方法を模索しなければならない。

2

山田秀頌は論文「トランスジェンダーの普遍化によるGIDをめぐるアンビヴァレンスの抹消」で、これまでの日本の「トランスジェンダー論」において「GIDのアイデンティティの引き受け」、その「アンビヴァレンス」が抹消されてきたことを批判的に考察している。「GIDとは対抗的なTG（トランスジェンダー）の概念に立脚し、GIDの正規医療のあり方や二〇〇三年成立のGID特例法（性同一性障害者の性別の取扱いの特例に関する法律）に対する精力的な批判を展開してき

＊3　この議論に関しては、Salamon 2010（サラモン　二〇一九）の第七章「文字＝手紙を保留にすること」を参照のこと。

た」言論を山田は「トランスジェンダー論」と定義し（山田　二〇二〇：四七）、吉野靫や米沢泉美、田中玲、三橋順子、東優子などの名を挙げている。

山田が指摘しているように、たしかに、これまでの「トランスジェンダー論」において「GID」は「疾病概念」として理解され、「トランスジェンダー」はそれに対する対抗的な概念として考えられてきた傾向がある。山田が批判しているのはこのような「GID－TG」の二項対立であり、その対立図式において「GID」はネガティヴな仕方で表象されることになる点である。[*4] それに対して山田が着目するのは、GIDへの同一化が「GIDを障害として受け取りつつそれを肯定的に読み替えるという二重の身振り」によって「いかに障害であることそのものが再解釈され、その否定的な意味づけが変容させられうるかということ」である（山田　二〇二〇：五三）。このような「GID－TGの対立構造によって否認され」（山田　二〇二〇：五五）抹消される「GIDへのアンビヴァレントな同一化」を見出そうとする山田の試みは本稿の観点から言い換えれば、「GID」という「名のなかにあるもの」を、単に「疾病概念」とみなし道徳的な判断を下すのではない仕方で描き出そうとする試みだと言えるだろう。

したがって、山田は「トランスジェンダー」というカテゴリーの「普遍化」を批判する。ここでは、山田が指摘している重要な点の内ひとつだけ取り上げたい。それは、「非規範的なジェンダーを障害とみなす西洋精神医学のイデオロギーを批判しようとして、これを転倒させて反復することで、TGを非障害すなわち健常なカテゴリーとして構築することになる」（山田　二〇二〇：五八）

点である。それは例えば「トランスジェンダーの脱病理学化」というフレーズを聞くたびに私自身いつも逡巡してしまう点であり、山田が指摘しているように、「性別移行を障害の枠組みに位置づけることへの反対が、障害とみなされることは何か欠陥のある人間だとみなされることを意味する」のなら、そこには「健常主義」が働いている（山田　二〇二〇：五八）。山田が指摘しているのは、「GID」を病理化し「トランスジェンダー」を健常化する語りにおいて結果的に「西洋精神医学のイデオロギーは普遍的なものとして想定され、したがってこのイデオロギーの転倒としてのTGもまた、普遍的なカテゴリーとして構築されることになる」（山田　二〇二〇：六一）点である。山田は、このような「普遍化」は「単一の抑圧という観念に依拠するフェミニストが女というカテゴリーを普遍的なものとして前提する〔…〕身振りとパラレルである」（山田　二〇二〇：六一）と批判する。

山田の議論の重要性を確認しながら、しかし、私はそれでもなお、山田の論文において、それが「GID－TGを構成する二項対立」を「批判的に克服」することを目指しているにもかかわらず（山田　二〇二〇：六二）、「トランスジェンダー論」と呼ばれるものが一般化・普遍化されているの

＊4　山田はその対立が「障害－個性」「身体－社会」「日本－世界」「他者－自己」といった四つの二項対立によって構造化されていると指摘している（山田　二〇二〇：五一）。本稿では山田が論じている「障害－個性」にとくに焦点を当てる。

ではないかという疑問を抑えることができない。あるいは、山田自身が「トランスジェンダー論」を均質化する意図はないと述べているのだから、私がここで行うことは、山田の論文のその余白への書き込み、そこに注を書き込む作業であると言い換えることもできるかもしれない。あるいはもっと率直に言い換えれば、山田が挙げている吉野や米沢、田中、三橋、東らの議論を、私はどうしても「同じ」議論として括ることができないでいる。そしてさらに不安に感じているのは、山田がその論文で取り上げていない「トランスジェンダー論」が「同じもの」として受け取られ、その〈違い〉が抹消されてしまう可能性である。

ここで再び、吉野が直面していた〈タイムラグ〉に戻るなら、吉野は現在の「ＬＧＢＴ」の「Ｔ」として表象されている「トランスジェンダー」に明らかな困惑を示しているし、かつての「ＧＩＤ規範」への批判が現在当時ほどのリアリティをもっていないことに自覚的である。そして、いまもなお生きられたその傷を語る居場所《ホーム》が〈いま・ここ〉にはなく、「ＧＩＤ」というカテゴリーはもちろん、現在の「トランス」というカテゴリーに対しても自らが「とり残されている」ことを痛感している。そして、この〈タイムラグ〉、二重の時間性の狭間でとり残されているのは吉野だけではないだろう。吉野がたびたび言及している、例えば、田中玲、蔦森樹、ＲＯＳのるぱん４性といった人たちはいま現在目立った公的場所で言論活動を行っていないように思われる。また、吉野は蔦森に会いに行ったエピソードのなかで、次のように述べている。「九十年代に出版された挑戦的な言論を振り返ったとき、粘り強く運動現場に留まる者がいる一方、現在では名前を見なくなってしまった人物も多い。蔦森が聞き取りの始めに口にした「いつか誰かに話したいとは思っていた」という言葉は、語り得ぬ理由によって姿を消してしまったかもしれない、見知らぬ誰かの存在を意識させた」（吉野　二〇二〇：七八）。かつて「トランスジェンダー」という言葉に自らの実存を賭けて闘ってきた人たちのなかには「語り得ぬ理由によって姿を消したかもしれない」人たちがいる。

そして、その「とり残された者たち」の「トランスジェンダー論」は明らかに山田が「トランスジェンダー論」と呼ぶものには尽きないものであるはずだ。例えば、山田は、「トランスジェンダー論」において「トランスジェンダー」が「普遍的なカテゴリーとして構築される」とき、それは「単一の抑圧という観念に依拠するフェミニストが女というカテゴリーを普遍的なものとして前提する〔…〕身振りとパラレルである」と（主に三橋や東の議論を分析対象にしながら）指摘していた。しかし、この指摘が「トランスジェンダー論」に拡大されるとき、例えば日本における「トランスフェミニズム」の草分け的な試みだった田中の議論のようなインターセクショナルな理論の存在を抹消してしまうのではないか。

それはまた、山田の「健常主義」に関する議論に対してもそうである。実際、田中や吉野の「GID規範」への批判は、性同一性障害者のそのアイデンティティや実存への非難ではなく、「性同一性障害」を「模範」とする社会的規範への批判であったはずだ。そしてより重要なことに、「GID規範」を批判した「トランスジェンダー論」者であるるぱん4性はすでに二〇〇七年の時点で、

「社会が障害を作り出していて、社会を変えることによって障害を障害でなくする、さらには、「正常」とされるカタチへと変更させるその恣意性を問題視するという考え方は、ＧＩＤ運動が障害者運動にかすりもしなかった（し、障害者フォビアがある）ことで無縁のままのような感触は、ある」（ＲＯＳ　二〇〇七：二一〇）と述べ、トランスジェンダーが障害者運動や障害学に出会い、学ぶ必要性を主張している。[*5] そして、自身を含めたトランスジェンダーが自尊心やプライドをもつことが難しい要因のひとつとしてこの「障害者フォビア」の存在を指摘している[*6]（ＲＯＳ　二〇〇七：二〇九）。『トランスがわかりません!!』の続編にあたる『恋愛のフツーがわかりません!!』（二〇〇八）では、早乙女成妃子はこのるぱん４性の議論を引き継ぎ、さらに考察を深めている。そこでは例えば、「G-FRONT関西の会報に障害者運動の歴史を連載した、るぱん４性の文章の一部」が紹介されている（ＲＯＳ　二〇〇八：一七二）。その文章のなかで、るぱん４性は次のような経験に触れている。「例えば、車椅子用トイレの設置について政府に意見書を出すっていうのをやっている、車椅子乗ってる知り合いなんかはヘテロだけど、トランスの話を聞いてセクシュアリティの視点も押さえた意見書を作成したんだよね。一緒に意見書を作ってる障がい者の人たちはセクシュアリティのセの字も知らない中で、「男女わけのトイレのほかに、男女わけしないトイレの設置「も」必要なの」って、説明してさ。それ聞いたとき、嬉しかったわー。誰だって自分の知りうる範囲でしか動けないけども、知りうる範囲でさえ、私は動いてこなかったなー、と思わされたのよね」（ＲＯＳ　二〇〇八：一七四）。

早乙女はるぱん4性の文章を引きながら、「他の運動に学ぶ」重要性を確認しながら、「障害を持つ友人らと一緒に行動することで、私の内面にある差別観に気づけた」過程を率直に綴っている（ROS　二〇〇八：一八〇）。そして、早乙女の省察は、「異性愛者であることと、健常であることは、この社会の中で巧妙にしくまれて、ドッキングされ、私たちを縛っている」「見えない構造」への気づき（ROS　二〇〇八：一八〇）、そしてまた、「「病気→治癒」という原則」のなかで「障害を持つ状態」が「「治癒」へは至らない」その構造を、「世の中で毎日繰り広げられる女ごっこ・男ごっこには一生コンプレックスを持ったまま、「治癒」というゴールはない」というトランスの経験との重なりの気づきへと連れていく（ROS　二〇〇八：一八八）。

この早乙女の文章には、障害者当事者で障害者運動に関わる早乙女の友人の二人が匿名で応答している。友人AとBはそれぞれ、早乙女が率直に書いた障害への「恐怖」や「不安」に対して自身が感じる「引っかかり」に言及し、早乙女が語る「できなくなることへの恐怖」に対して「健常者社会の価値観そのものを問」う形で応答している（ROS　二〇〇八：二〇四）。と同時に、例えば友人Aは「障害者の中ですら、障害の重さ比べをしたがる人は多くいます」（ROS　二〇〇八：一九

＊5　るぱん4性は佐倉智美のブログ記事「障害学とセクシュアルマイノリティ」を取り上げている（ROS　二〇〇八：二一〇–二一二）。

＊6　しかし、るぱん4性は同時に「その自己嫌悪にまんまと陥ってしまう理由は、障害学だけでは説明しきれない問題」であることも指摘している（ROS　二〇〇八：二一五）。

八）とトランスが直面している問題と似た経験を挙げており、そこには両者の差異を前提にしながらそれでもつながろうとする意志を看取できる。そしてまた、友人BはROSの前著『トランスがわかりません!!』に掲載されているるぱん4性の論考に「大きな刺激を受け」、次のように述べている。「身体に対する拒否感、周りの見方に対する意識、当事者間にある優劣の評価づけ、当事者のコミュニティの中にある同化への圧力などについて、これまで語られた言葉ではなく、まずは自分の言葉で語ってみようという姿勢に見えました。それはこれまでぼくが障害に対して考えてきた向き合い方と共通するものがあって、すごく共感したんです」（ROS 二〇〇八：二〇七－二〇八）と。そして、「このるぱん4性さんのアプローチそのものが障害者問題につながっていかないでしょうか」として、そのアプローチが「「男らしい身体」と「健常な身体」がお互いを支え合っているあるべき基準を作り上げているのであれば、その基準をどのように問うていくことができるのか。〔…〕強制健常を問う障害の身体が、どのように性別や異性愛の規範を問う身体としてもイメージしていけるのか」という問いにつながるのではないかと提起している（ROS 二〇〇八：二〇八－二〇九）。

ここで挙げたるぱん4性と早乙女は、「GID規範」に精力的な批判を行ってきた人たちであるという意味で山田の言う「トランスジェンダー論」の担い手である。しかし、これらの人たちはまた、吉野の言う「とり残されたトランスジェンダー」でもある。その語りは明らかに、現在の覇権的な「トランスジェンダー史」からは零れ落ちてしまっているだろう。そして、そこにおいて、性別二元論、異性愛規範、そして「健常主義」に批判的でインターセクショナルな語りの空間、共同性がたしかに存在していたと言えるのではないだろうか。

改めて誤解がないように述べておくなら、「トランスジェンダー」や「性同一性障害」という名／アイデンティティをどのように用いるのが「正しい／誤っている」「良い／悪い」かを、私はここで判断したいわけではない。そうではなくて、ある名／アイデンティティを用いて自己を記述することがたとえ〈同じ〉にみえたとしてもその内実は〈異なる〉ということ、そして、それはたとえ〈同じ〉名／アイデンティティだったとしてもそれは差異を孕んだ歴史を生きているということであり、〈いま・ここ〉に収斂せずに異物として残りつづける時間性／歴史を忘却してはいけないということを指摘しておきたいだけである。

本節の最後に、L・H・スターリングスとジャック・ハルバースタムの「トラニー（tranny）」に関する議論を参照しよう。「トラニー」とは一般にトランスに対する侮蔑語である。この「トラニー」という言葉が問題になったのは、「Trannyshack」というサンフランシスコにあるクィア・バーが「トランス活動家」によってその名の変更を求められ、実際に「T-Shack」という店名に改変された出来事をきっかけとしている。これを契機に、「トラニー」という言葉を用いるべきか否かという議論が生じた。ドラァグ・クイーンがそのパフォーマンスを競い合うリアリティ番組『ルポールのドラァグ・レース』（実際にその番組のなかでは「トラニー」という言葉も用いられていた）の主催者で自身も黒人のドラァグ・クイーンであるルポールは「私は三十二年間「トラニー」だった。

トラニーという言葉は決してトランスセクシュアルだけを意味していたわけではなかった」と表明し、「トラニー」の使用の禁止に対して反論した（Stallings 2015: 232）。また、「Trannyshack」のオーナーでドラァグ・クイーンのヘクリーナも「トラニー」は「つねにヘイトに満ちた中傷と理解されていたわけではない」と述べている（Halberstam 2018: 12）。

スターリングスはルポールの言葉を取り上げながら、「おそらくルポールが示そうとしているのは、白人のトランスジェンダーの歴史に結びついておらず、それと等価でもないトランスの歴史（herstory）」（Stallings 2015: 232）であり、また他方で、その歴史は「トランスジェンダーが抹消しているセックスワークの歴史と文化に明確に結びついている」（Stallings 2015: 232）と述べている。このことから彼女が同時に指摘しているのは、「トランスジェンダー」というカテゴリーや「トランス理論」が「ミドルクラスや富裕層の主体を暗黙に想定している」（Stallings 2015: 233）点であり、「階級がセックス／ジェンダーを保証し、作り出すとともに、テクノロジーへのアクセスをも可能にするその仕方」（Stallings 2015: 233）を無視してはいけないことである。ハルバースタムが言うように、

スターリングスが明らかにしているのは、トランスジェンダーに関するメインストリームのナラティブが大抵、白人の身体と、セックスとジェンダーの白人の歴史とを前提にしていることであり、そして彼女が示唆しているのは、トランス・オブ・カラーの人たちにとってセックスと

ジェンダーがいかに重要であるかを示すそのまさに異なった仕方に私たちは注意深くあらねばならないということなのだ。(Halberstam 2018: 14)

「トラニー」という言葉の禁止は一見「ポリティカル・コレクトネス」に見合った主張に見えながら、しかし、結果的に、その名／アイデンティティに含まれていた／いる「世界」とその「歴史」を抹消してしまうものなのである。

アイデンティティは単なるラベルではない。それは、歴史をもったある世界から創造されるものであり、その名のなかにはその人(たち)が生きた／生きている世界が内在している。たとえ、その名が一般に侮蔑語として用いられる場合でさえ、私たちはその名／アイデンティティに対する判断＝判決を下す前に、その「名のなかにあるもの」をまずは注視し、想像力を働かせなければならないのだ。

3

トランス・アイデンティティはつねに複数的である。それはたとえ、〈同じ〉カテゴリー内部であってさえそうである。なかには、(トランス当事者も含めて)他者にはすんなりと理解してもらえないような仕方で自己を記述するトランスもいるだろう。

ここで、ゲイル・サラモンが理論化している「違和連続体」に関する議論を参照したい。サラモンは、個々のトランスが抱える違和のその差異は「質的差異」ではなく、「程度の差異」であると述べている。「違和」は「身体の外形に依拠しているのではなく、自分自身の身体の／についての／における感じに依拠している」のであり、「違和連続体」は「マイルドな不快感からトランスセクシュアルの身体改造への強い衝動まで」の身体の「感じられ方」のその「程度」や「グラデーション」の差異を記述する概念である（Salamon 2010: 164）。言い換えれば、この違和は、はっきりとした「質的差異」、安易な分節化を拒むものであり、「違和連続体」は個々のトランスが生きる違和の内実に肉薄しようとするための概念であるとともに、違和のあいだに優劣や順位のようなものを設定する政治に抗おうとするものでもある。そして、違和が安易な分節化を拒むものであるなら、それだけいっそう個々のトランスが自分に「しっくりくる」と感じる名もまた多種多様であるだろう。

グリフィン・ハンズブリーは「トランス男性連続体（transmasculine spectrum）」を、「woodworker/transman/genderqueer」のグラデーションとして捉えている（もちろん、ハンズブリーは、トランスのコミュニティにおけるカテゴリーは多様であり、この三つは便宜的なものでしかないことを断っている［Hansbury 2005: 245-246］）。〝woodworker〟は日本語で言うところの「埋没系」に当たり、それは「ただの男（just a man）」と記述される。つまり、「woodworker／埋没系」は自らを「トランス」とは記述しない。彼らは「ただの男」なのであって、日常生活においてトランスであること、かつて「女性」として社会的に割り当てられていたことを公的に表明せず、そして実際に「男」としてパスし、「埋没」して生活している。これに対して、「ジェンダークィア」は「私をラベルで留めるな」という標語にまとめられ、「分類を拒む」人たちと形容され（Hansbury 2005: 256）、「トランス男性連続体」のなかでももっとも「曖昧さを受け入れる（embrace ambiguity）」極として考えられている[*7]（Hansbury 2005: 258）。そして最後に、「トランス男性」は「woodworker／埋没系」と比較すればその「トランス男性」を引き受ける点に、そして「ジェンダークィア」と比べて「トランス男性」を引き受ける点に違いがある（Hansbury 2005: 255）。

ハンズブリー自身は「私はトランス男性というラベルを好む」（Hansbury 2005: 252）として、次のように述べている。

> 私は自分自身を「ただの男（just a man）」とラベリングすることには気が進まない。自分をただ単に男と呼ぶことは、私の歴史、すなわち、二十四年間見た目が女性の体で過ごしてきたという歴史を否定することであるし、私が現在、ホルモン治療といくつかの手術を経て、女性でもなければ完全に男性であるとも言えない状態にある身体を生きているということを否定してしまう。

＊7　ここでの「ジェンダークィア」は二〇〇五年時点における「トランス・ボキャブラリー」（Hansbury 2005: 242）であることに注意が必要である。

しかし、私は男だ。そしてまた、私はそのラベルを自分のものにしたい。それでも、そのラベルは修飾語を必要としている。すなわち、「トランス」という修飾語を。（Hansbury 2005: 252）

ここで誤解がないように付言しておくと、ハンズブリーは「トランス男性」が唯一正しいアイデンティティであり、「woodworker／埋没系」や「ジェンダークィア」を「間違ったもの」として批判しているのではない。ハンズブリーによれば、トランス男性性はこれらのグラデーションのなかのどこかで生きられているのであり、その位置は厳密にはカテゴリー化を拒むほどに多様であり、その位置のどれが「正しい／間違っている」と判断できるわけではない。彼は単に、自己を説明し、自分はその「トランス男性」という名／アイデンティティを「好む」と述べているだけである。

ジャック・ハルバースタムは *Trans** という著書のなかで自己のアイデンティティを説明しており、それは先のハンズブリーの図式では「ジェンダークィア」に近いものであるが、ハルバースタムはそこで、「数週間に一回、同僚や友人、学生から私が好む名前／代名詞は何かと尋ねるメールを受け取る」（Halberstam 2018: 153）エピソードに触れて、次のように応答している。

バートルビーのように、〔…〕私は、トランジションを目的地をもった過程として理解するような仕方でトランジションしないことを好む（prefer not to）。むしろ、〔…〕私は自分自身が永続的にトランジションの過程にあるものとして考えている。私は、カテゴリー的に曖昧なままであ

るものを明確にしないことを好む。(Halberstam 2018: 154)

再び口を酸っぱくして付言するなら、ここでハルバースタムはただ、自分のことを説明しているだけであって、例えば「目的地」をもった「トランジション」を批判しているわけではない。ハンズブリーもハルバースタムもただ、自分が「好む」あり方を語っているだけだ。

ジル・ドゥルーズは、バートルビーの「しないことを好む／せずにすませたいのですが(I would prefer not to/I prefer not to)」という「決まり文句」を「好みの論理」と呼んでいる。バートルビーの「決まり文句」はこの「好みの論理」の究極的な例である。ドゥルーズはまず、この決まり文句の「非文法性」を指摘している。“I would prefer not to/I prefer not to”は文法的には正しいのだが、ドゥルーズにとってそれが「非文法的」なのはそれが「一連の正しい表現の限界」を徴づけるものだからである。「「わたしはこれのほうがいい、わたしはこれはしないですませたい、それはわたしが好むようなことではない」といった一連の言い方の限界であるのではないだろうか。文構成は正常であるにもかかわらず、それは変則的な表現と聞こえるのである」(ドゥルーズ　二〇一〇：一四八)。

そしてドゥルーズによれば、このようなバートルビーの「決まり文句」が「破壊」するのは、「言語」であり、その言語活動の背景にある「前提」である。

バートルビーに分別を取り戻させたいという彼〔代訴人：引用者注〕の願いはことごとく崩れ去

> るのだが、それは、その願いの基盤にあるのが前提の論理であり、その論理によれば、上司は部下が自分に従うのを「期待」し、親切な友は話に耳を傾けてもらうのを「期待」するのたいし、バートルビーは新しい論理、好みの論理を作り出し、それがあれば言語活動の前提を蝕むには充分だ。マチュー・ランドンが指摘するように、決まり文句は語と事物、語と行動を「分離する」のだが、同様に、言語活動と語も「分離する」。〔…〕そうであるからこそ、見かけは正しいにもかかわらず、決まり文句は正真正銘の非文法性として機能する。（ドゥルーズ　二〇一〇：一五六－一五七）

トランスが「私はこの名／アイデンティティを好む」と言うとき、その言語行為の裏面にはつねに「私はその名／アイデンティティで呼ばれることを好まない（*prefer not to*）」という言語行為を潜在的に含んでいる。そして、トランスが「私はこの名／アイデンティティを好む」と語るのは、既存の規範的な言語体系――「前提の論理」――のなかでは自己が誤って表象されるからである。したがって、トランスの「好みの論理」には、バートルビーほどではないにせよ、「前提の論理」の破壊、あるいは少なくともそれへの抵抗が潜在している。あなたが私を彼／彼女と呼び、私を女／男扱いせずにすめばいいのですが……。

このことは言い換えれば、私たちの「好み」のあり方を百パーセント言い当てる言葉やカテゴリーは存在しないことを意味してもいる。ジョルジョ・アガンベンの言葉を借りれば、バートルビー的「好みの論理」は「好ましいものと好まれないもののあいだに不分明地帯を開く」ものであり、それは「何かである（何かを為す）ことができるという潜勢力と、何かでない（何かを為さない）ことができるという潜勢力とのあいだの不分明地帯」であり、その不分明地帯は宛先のない「to」という「前方照応」によって指し示される（アガンベン　二〇〇五：四三）。言明されるトランスの「好み」、その「to」が宛先をもっていたとしても、その「prefer to」が潜在的に「prefer not to」を含むのなら、その「宛先」はいわば潜勢力に対する現勢力であって、したがって、その名「よりむしろ」（アガンベン　二〇〇五：五一。強調原文）が存在することになる。

そうだとすれば、私たちはその都度、ある名／アイデンティティを「好ましい」としながら、同時に、より良い名／アイデンティティを探し求める道程につねにいることになるのではないだろうか。バトラーが述べているように、

> 私たちは「私はそういう名前なのか（Am I that name?）」と問うことができるし、実際そのように問うている。そして私たちはときに、それが自分の名前なのか、そうでないのか、あるいは、自分たちが生きたいと願う生のより良い名前を見出そうと試みるのか、あるいは、あらゆる名前の隙間で生きようと努めるのか、という点を決定するまでそれを問い続けるのである。（Butler 2015: 61）

その名／アイデンティティにはそこに至るまでの道程＝歴史が刻み込まれている。私たちは名／アイデンティティを問いつづけ、その道程においてある名／アイデンティティを好ましいと感じる。その名はつねに完璧なものではないから、私たちの名をめぐる旅は決して終わることがない。しかし、このことは、その名の意味、その名のなかにあるものを空虚なものとみなすことではない。その名には、私たちの足取り、その軌跡がたしかに刻まれている。そこには、私たちそれぞれが生きた／生きている世界が存在するのだ。したがって、ある名を「良い／悪い」と判断することは、その名のなかにある歴史／世界を窒息させることだ。名のなかに何があるのか——その問いは私たちの判断を宙づりにし、他者が生きている世界を開示する。他者とともに生きることは、道徳的な判断の手前で、このような問いに留まることを要求するのではないだろうか。

終章「私は自分の身体を愛することができるか」

そもそも身体と世界の境界をどこに設けるというのだろうか——世界とは
〈肉〉であるのに。

——モーリス・メルロ＝ポンティ*[1]

おお、わたしの身体よ、
いつまでも私を、問い続ける人間たらしめよ！

——フランツ・ファノン*[2]

タイトルに掲げたこの問い――「私は自分の身体を愛することができるか」――は、個人的で、集合的な、そして政治的な問いである。そして、私はそれに答えるために、この問いを提示しているわけではない。ただ私は、この問いに個人的かつ集合的、そして政治的な価値があることを示したいだけである。

トランスジェンダーである遠藤まめたはエッセイ「「からだを愛する」はむずかしい？ 身体違和とともに生きるということ」で、同様の問いを提示している。

身体違和のある私のような人間の場合、他の人たちと同様に自分の困ったからだを受け入れ、愛することはできるのだろうか。あるいは、「愛する」までいかずとも、なんらかの形で自らのからだと〝和解〟できるのだろうか。（遠藤 二〇一四：五五―五六）

＊1 メルロ＝ポンティ 二〇二一：一三一。

＊2 ファノン、フランツ 二〇〇四：二五〇。

「私は自分の身体を愛することができるか」という問いはトランスの人たちにとって自らの実存に差し迫る問いである。性別違和を経験するトランスにとって「私の身体」は「困ったからだ」としてあり、それを「愛する」ことは難しい。しかし、「私」はこの身体——身体の形を変えるにせよ変えないにせよ——を生きる以上、自分の身体となんらかの形で「和解」する必要がある。そうでなければ、「私」の生存は困難になってしまうだろう。ところで、ここで同時に指摘しておきたいことはその問いがトランスの人たちにのみ完全に閉じたものでもないということである。実際、「典型的な身体」ではない身体を生きる人たちにもこの問いは切迫した問いであって、例えば、異性愛男性中心主義的社会のなかで性的対象化を被る女性、ルッキズムにさらされる人たち、障害を抱える人たち、人種的マイノリティの人たちにとってもそうであろう。

身体とそれに対する愛の問題は、身体が物質的な所与としてあるにもかかわらず身体を「単なる物質的な所与」には還元できないという事実を突きつける。私たちは身体を「ありのままに」愛することなどできない。冷静に考えれば、それは奇妙な事実である。私たちはこの身体でしかありえず、身体そのものを選ぶことなどできない——程度の差はあれ、身体の形態を変容することはできるにせよ。それなのに、その身体への愛は自然には発生しない。それは、ある「身体の形」が「理想的」とされる社会的な規範が存在することと明らかに関係しているだろう。その規範的枠組みのなかで、細部の身体部位にいたるまで意味づけられ、価値づけられているのである。「私」の身体、その身体イメージは、そのような規範のなかで、その下で、あるいはそれとの「交渉」のなかで、形作られるものである。

「私は自分の身体を愛することができるか」という問いがまずなによりも個人的なものであるのは、当然、「私」という個人の身体に関わるものだからだ。それは、厳密に個人的なものである。身体イメージが他者との関係や社会的世界との関わりのなかで形成されるものであるとしても、身体イメージは決して画一的に形成されるものではなく、この私という個別性をもつのであり、そのイメージは各個人において異なって生きられるものだ。性別違和はそのようなイメージと現実の身体とのギャップにおいて生起するのであり、それが身体を愛することを困難にする。

先に言及したテクストのなかで、遠藤は次のようにも述べている。

> 「からだを愛することは大切だ」という性教育の一般的なメッセージも、ラディカルな社会構築主義の視点も、ときには効かない日があるのではないか。胸を切り落としたい、というまでの身体違和にさいなまれている時には、私はまさに時の通り、胸を切り落とすことだけを考えている。一方で、現代医学でなしうるすべての外科的手術を受けながらも、「自分の骨格は女性的／男性的なのではないか」「生殖能力がないのは、周囲と比べて劣っているのではないか」とさいなまれている人にとっては、ＧＩＤ医療が提示する希望のイメージも、モノクロに色あせて見えるだろう。（遠藤　二〇一四：五七）

身体を愛することは単なる「認識」の問題ではない。性教育の言説も、ラディカルな社会構築主義の言説も、あるいはボディ・ポジティブの言説も、「ときには効かない日がある」。ジェンダー規範をはじめとした社会的規範のなかを生きる私たちは程度の差はあれ、その規範のなかで自らの感性を形成してしまう。その規範はいわば身体化されるのであって、単なる認知の問題として片づけることはできないだろう。実際のところ、私たちはそのような規範との「交渉」のなかで、上手くいけばなんらかの折り合いをつける、あるいは折り合いをつけようと試みる。各個人において多様に行われるそのような「折り合い」や「和解」の試みはまさしく「自分の身体を愛する」ための作業である。「私は自分の身体を愛することができるか」という問いが個人的な問いであるのは、自分の身体を「ありのままに」愛することの困難を前に、それでも自らの身体となんらかの仕方で折り合いをつけ、和解するための、その人自身の実存に差し迫った問いであるからだ。

　自分の身体を愛することの困難は、「私は自分の身体を愛することができるか」というこの問いが個人的であるだけでなく集合的な問いでもあることをも喚起する。るぱん4性は二〇〇七年に書かれたエッセイ「トランスリブの行方　トランスプライドは確立しうるか」で、トランス・プライドの確立の困難について自らの経験に言及しながら語っている。

　セクシュアルマイノリティが打ち出すイメージ（性は多様！　みんなありのままでいいんだよ！）に疑問なく乗ることができないことが悔しかった。ありのままでいいと言いながらも医療や法律を使い、社会に媚びなければならないのが矛盾に思えた。その矛盾に触れないように触れないようにと、努めた。根本的な自己否定を抱えたままなのにクィアというポジティブな言葉でそれを隠そうとした。（ROS　二〇〇七：一五四）

ここで、るぱん4性が自身の経験に即しながら考えようとしているのは、ゲイやレズビアンにとっての「プライド」とトランスのそれとの差異である。それは、「そのまま」とか「ありのままに」という形で自己を肯定することがレズビアンやゲイよりも難しいというトランスに特有の状況と関連している。というのは、トランスは「生まれてきた自分のままでは嫌」（ROS　二〇〇七：一六二）なのであり、「トランスであるということはポジティブに生きているように見えても、トランスだってだけで、自分の割と多くの部分を気に入らないと思ったり、嫌いだと思ってしまう、そういう状態」（ROS　二〇〇七：一六〇）を生きている。トランスは、「男女どちらかの二つに適応しなければならら」ず、「普通の男女の姿」が求められる社会のなかで、自らの自尊感情を日々削られる状況を生きているのであり、したがって「トランスはとっても自分自体を肯定するのに時間がかかる」（ROS　二〇〇七：一六〇－一六一）。

興味深いことに、るぱん4性は「プライド」と区別して、このような自己肯定感の水準を「自尊心」と呼んでいる（ROS　二〇〇七：一六三）。そして、トランスが直面する「自尊心」の社会的剝奪によって「トランスプライドは確立しにくい」のではないか、とるぱん4性は提起している。るぱん4性が「自尊心」と呼んでいる水準の「愛」はまさに、「私は自分の身体を愛することができるか」というここでの問いと直結するものだろう。そして、この問いが個人的であるだけでなく集合的なものでもあるのは、るぱん4性が述べているように、その愛、それによる自己肯定感が「トランス・プライド」という集合性を可能にするものだからだ。身体への愛の問題はいわば、「プライド」の手前にあり、そして「プライド」を可能にする「集合的なもの」なのである。したがって、「私は自分の身体を愛することができるか」という問いは個人的なものであるが、しかし同時に、「個人的なもの」に閉じているわけでもない。

そして、このことからもわかるように、そしてさらに根源的な意味で、自らの身体への愛の問題は政治的な問題でもある。すでに述べたように、誰であれ、私たちは「私の身体」を「ありのままに」愛することなどできない。自らの身体への愛は奇妙なことに自然発生したりはしないのである。私たちが自分の身体を愛し、「私のもの」として受け入れることができるかどうかは、その社会が「理想」としている身体イメージに程度の差はあれ左右される。私の身体ないし身体イメージが社会の「理想」や「規範」から逸脱するとき、自分の身体を愛し、受け入れることは困難な作業になる。

したがって言い換えれば、「私」の身体への愛の困難に直面することは、どんな身体が「愛するに値する身体」としてカウントされるのか、どんな身体が「愛されるに値しない」「おぞましいもの」として排除されるのか、その規範に対峙することでもある。バトラーが述べているように、「直面すること（coming up against）」は「身体を定義する様態」である（Butler 2009: 34）。なぜなら、「身体が不可避的に外部の世界に直面しているということは、他者に、そして自分ではコントロールできない状況に、意図せずして近接してしまっていることの一般的な苦境のしるしである」（Butler 2009: 34）ことを意味し、身体が根本的に社会的世界に曝されたものとして存在することを意味しているからである。そのとき、トランスジェンダーらの〈違和〉の経験はこの「苦境」をとりわけ開示するものだと言えるだろう。それは、どのような身体が規範的な身体として「カウント」され、どのような身体が「非規範的な身体」として排除されているのか、それらを規定している社会的規範に直面することである。「私は自らの身体を愛することができるか」という問いはこの意味で政治的な問いでもあるのであり、私が自らの身体を愛することができないとき、その愛の困難は、この社会的世界への批判や抵抗を、また、〈いま・ここ〉ではない別の世界の希求を、潜在的に孕んでいるのである。そのような困難に直面しながら、しかし現に多くのトランスの人たちはそれぞれの仕方で自らの身体と折り合いをつけながら、あるいは折り合いをつけようと試みながら、生きている。自らの身体と折り合いをつける、その愛の技法は、ある身体を「おぞましいもの」として排除する〈いま・ここ〉の社会的世界とは別の世界の可能性をいわば先取りしているのである。いわば、この世界こそがトランスの人たちから愛の技法を学ぶべきなのだ。

ここで、町田奈緒士が提示している〈器〉という概念を取り上げたい。自身もトランスジェンダーである町田奈緒士は、トランスが自己や他者によって受け入れられる条件を考察している。そこで町田は自身の経験に触れ、「自分は本来は男性ではないかという思いが溢れ」、「そうしたことについて考えると、世界が崩壊してしまうような感覚を覚え、これは自分が死ぬまで一人で隠し通さねばならない恥部なのだと言い聞かせ」ていた頃に「性同一性障害（ＧＩＤ）」という概念に出会ったときのことを次のように振り返っている。

私にとって、「ＧＩＤ」という概念は、それまでのグチャッとしていたものを掬い取ってくれる受け皿のように感じられた。〔…〕自分の内的感覚に根差した言葉がない状態は、社会の中に、その感覚の居場所がない感じ、そんな感覚を持っていることは、「普通」で「正しい」世界で生きる上では「罪」である、という気持ちを私に抱かせていた。〔…〕また、「ＧＩＤ」という言葉と出会ったことによって初めて、自分が何者かを説明する際に、他者に「自分とはこのような者です」と差し出すための〈器〉――これまでの言語化できない自己の身体感覚を掬い取ってくれるような器、ある意味グロテスクな「なまもの」もそこに盛り付けられていれば一応それなりの料理だとみなされるような器、つまりはグチャッとした醜い部分も含めて、自分の全体をそこに盛りつけて他者の前に差し出すことができるような器――を手に入れたように思われた。それは18歳まで隠し通してきた自分の「恥部」を、他者に開いていく可能性をもたらしてくれたように思われたのだった。（町田　二〇一八：二二二―二二三）

このように、町田は「ＧＩＤ」という概念を〈器〉として捉えようとしている。それは、「世界が崩壊してしまうような感覚」、「その感覚の居場所がない感じ」、「グチャッとしていたもの」を掬い取り、世界のなかに投錨点を与えてくれるようなものである。ここで重要なのは、「GIDという概念そのものが〈器〉であるか否か」ということではない。当然、何が〈器〉になりうるのかは人それぞれであるし、より良い〈器〉を求めてそれは変化しうるだろう。この〈器〉という概念が興味深いのは、それぞれの人の経験の差異と同時に、その底流にあるものを捉えることを可能にする点にある。

さらに、重要なのは、町田の言う〈器〉が横断的な概念である点である。町田の言うところに従えば、〈器〉は言語やカテゴリーに閉じたものではない。〈器〉はまた、ある種の他者との関係性でもある。例えば、町田は自らの友人であるナナコとの関係を挙げている。「同じ中学・高校に通った友人(仮名：ナナコ)に対して、私は、「罪」(すなわち、自らのことを男性と感じていること、女性を好きになること)の「告白」を行っていなかった。それにもかかわらず、私から雰囲気のように滲み出るものを(彼女にとっても「謎」で「すっきりしない」ことではあったのかもしれないが)、察知してくれていた。彼女は、私自身も言語化できなかった未分化な「なまもの」をそのまま受け止めてくれていたように思う」と振り返り、「ナナコという一人の他者が、原初的・身体的な次元で、私の「謎」を受け止めてくれるような〈器〉になってくれているように思われ」たという(町田　二〇一八：二二五)。

これに反して、他者との関係性が〈器〉にならない場合の例として町田が挙げているのが、当事者本人にとっては〈器〉となる「トランスジェンダー」や「GID」が「単なる言葉」として受け止められる場合である。町田は研究室の先輩にあたる「原田さん」との事例を挙げている。「研究や日常の会話を通して、自分が「女子」ではないということを、私は、「TG」という概念（「GID」と同様、〈器〉となりうるような概念）を呈示しながら伝えていたつもりでいた」にもかかわらず、「原田さんから、女性二人と合わせて「女子三人組」と言われるなど、普段から「土俵」外の人間としてまなざされていると感じてしまっていた」（町田　二〇一八：二四）。町田自身が述べているように、「ここでのエピソードからは、単に「GID」や「TG」といった自己呈示をするための概念を手に入れるだけでは、他者との関係において、私自身の性のあり方が受け止められるということにはならない（〈器〉がそれとして機能しない）ことが窺われる」（町田　二〇一八：二五）。この事例ではナナコの場合とは対照的に、町田は原田に自らが「「女子」ではないこと」、トランスジェンダーであることを伝えているにもかかわらず、そのような言葉やカテゴリーの認知がその関係性において〈器〉として働いていないことがわかる。

それでは、他者との関係が〈器〉になる条件とは何か。もちろん、この〈器〉としての他者との関係性は、その他者の「人柄」に還元できるものではないだろうし、あるいは言い換えれば、その「人柄」が何によって構成されているのか、その「人柄」を可能にしているものを問わなければならないだろう。トランス当事者であるツバサとの対話を通じて、町田は他者が〈器〉になりうる条件として「目の前の相手の「二元論以外」の前提の有無」（町田　二〇一八：二八）を挙げている。

ここには、二つの要点があるように思う。すなわち、「男女という二つの性別しかない」という性別二元論と、そして、「その「男／女」である人は必ずシスジェンダーである」というシスジェンダー中心主義、これら二つの前提の「有無」によって、対話相手が〈器〉になりうるかが背景にあると言えるだろう。

ここで、町田の考察を補完するために、三木那由多のエッセイ「くだらない話がしたい」を参照しよう。例えば、三木は次のような経験を挙げている。

なんでもない笑い話をしているつもりで、シスジェンダーの友達が一瞬だけ、戸惑ったように沈黙したり、ちらっと心を痛めているような顔をしたりすることがある。「しまった」と思う。私の話す内容なのか、私の物事の見方なのか、あるいは話し方なのか、どこかはわからないが、ともかくもどこかに、たぶん見過ごせないくらいにトランスネスが出てしまったのだろう。そしてそうなると、私の話はたぶんとてもシリアスなものになってしまう。それは、私の過去の苦しみ、あるいは現在の抑圧から生じた吹き出物みたいなものになる。もはやそれは、くだらない話ではなくなってしまう。（三木　二〇二二：七）

何気なく出てしまったトランスネスがある人たちに「シリアスなもの」として受け止められ、「吹き出物」のようになってしまう。彼女が自身のことに即して述べているように、「トランスであることはただの日常、いや日常を受信するためのアンテナ」（三木　二〇二二：六）であり、したがって、「私が感じること、思うこと、喜ぶこと、悲しむこと、起こる［ママ］こと、その隅々まで、とても些細なところまで、私のトランスネスは染み渡っているように感じる」（三木　二〇二二：七）。つい出てしまったトランスネスをシリアスに受け取る人たちは「心を痛める」という意味で「いい人たち」なのだろう。しかし、「くだらない話」が「シリアスなもの」になるとき、自らのトランスネスは「吹き出物」になる。「シリアスな存在にされていく」（三木　二〇二二：八）ことは町田の言う〈器〉としての関係性ではないだろう。しかし、「似た方向にアンテナを伸ばしたひととなら、くだらないものをくだらないままに笑って話せるのだろう」（三木　二〇二二：八）と三木は述べる。このことからわかるのは、町田が述べていたように、「性別は二つしかない」という性別二元論の前提と「男女はシスジェンダーしかいない」というシスジェンダー中心主義的な前提が無いということだけがトランスにとっての〈器〉の条件なのではなく、トランスネスが「日常」として他者に受け入れられ、共有され、その上で、いわば「忘れられる」ことが〈器〉になりうることとの条件であると言えるのではないだろうか。

いずれにせよ、〈器〉とは、「自らの未分化な感覚をおさめるような受け皿のこと」（町田二〇一八：二八）であり、「ＧＩＤといった社会・言語的な概念もそうしたものになりうるが、［…］言語以前の感覚や雰囲気を感受してくれる他者の存在」（町田二〇一八：二八）もまたそうなりうるような横断的な概念である。〈器〉はまた、「身体感覚に根差した概念」（町田　二〇一八：二八）であり、つまり、「しっくりくる」とか「ぴったりだ」、あるいは「とりあえずこれが近い」とか、自分が身体的・感覚的にフィットするか否かを記述するための概念でもある。

ここで私が町田の議論を導入したのは、このような〈器〉という概念を「世界」にまで拡張させることを試みたいからだ。すでに述べたように、「私は自分の身体を愛することができるか」という問いが喚起するのは、ある人たちの身体の形が世界から受け入れられるのに対して他方の人たちの身体は世界から受け入れられず拒絶されるという経験である。そのとき、この社会的世界はある人にとっては〈器〉であり、別の人にとっては〈器〉としては機能しておらず、むしろ、排除や周縁化を生むものである。

このような点を考える上で、町田の〈器〉をめぐる議論をメルロ＝ポンティの身体論と接続させてみることには意味があるだろう。実際、町田が〈器〉の概念――それは「自らの未分化な感覚をおさめるような」「身体感覚に根差した概念」である――を対人関係を包含する間主観的なもの（あるいは間身体性）としても記述していたが、同様に、メルロ＝ポンティにとっても、他者は「私に付きまとう」ものである。彼は『眼と精神』で次のように述べている。「ここで身体といっても、それは情報機械だと言っても差し支えないような〈可能的身体〉のことではなく、私が〈私の身体〉と呼ぶ現実の身体、私が話したり行為したりする際にいつも黙って立ち会っている見張番のようなこの身体のことである。そして、この私の身体とともに、多くの共同的身体、つまり「他人」もまた蘇ってくるに違いない。〔…〕ここでいう「他人」とは、それが私に付きまとい、また私が彼らに付きまとい、そして私が彼らとともにただ一つ現存する現実的存在に付きまとう、といったものなのである」（メルロ＝ポンティ　一九八六：二五五。強調原文）。町田とある意味では同様に、ここでメルロ＝ポンティが指摘しているのは、他者は「私の身体」に「付きまとう」ということであり、したがって町田の言葉を借りれば、他者は私の「未分化な感覚をおさめる」〈器〉でありうるのであり、あるいは端的に言えば「私の身体」とは「間身体的なもの」である。ところで、メルロ＝ポンティはここでは明確に述べてはいないが、「私の身体」が他者が「付きまとう」ものとして存在するのなら、その他者に「私の身体」が受け止められるか拒絶されるかは「私の身体」そのもの、その身体感覚を安定させたり揺り動かしたりするものでありうる。そして、そのような他者との絡み合いや付きまといにおいて、その他者の「受け止め」は社会的規範に構造化されている。したがって、私たちはその他者の背景にある「世界」自体との連絡を問わざるをえない。そして実際、メルロ＝ポンティがさらに理論化しているのは、「世界」は「身体という生地」でできているということだ。

　見えるものであり、動かされるものである私の身体は、物の一つに数え入れられ、一つの物である。私の身体は世界の織目のなかに取り込まれており、その凝集力は物のそれなのだ。しかし、私の身体は自分で見たり動かしたりもするのだから、自分のまわりに物を集めるのだが、それらの物はいわば身体そのものの付属品か延長であって、その肉のうちに象嵌され、言葉の全き意味での身体の一部をなしている。したがって、世界はほかならぬ身体という生地で仕立てられていることになるのだ。（メルロ＝ポンティ　一九八六：二五九）

このことは『見えるものと見えないもの』におけるメルロ＝ポンティの肉の理論における身体の位置づけにおいてより明確に論じられることになる。彼の肉の理論に関して、ゲイル・サラモンは「肉になることは世界のなかへと入ることであり、自分の身体と世界との区別が意味をなさなくなるほどに世界と絡み合うことである。それは自分の身体に住み込むことであり、〔…〕肉は世界による身体の誘惑であり、身体によって世界を身体そのものに取り込むことである」（Salamon 2010: 64、サラモン　二〇一九：一〇三）と注釈している。実際、メルロ＝ポンティは「絡み合い――キアスム」において、「身体の厚みは世界の厚みと競うものではなく、逆にわたしを世界とし、事物を〈肉〉とすることで、わたしが事物の核心に歩みいる唯一の手段である」（メルロ＝ポンティ　二〇二一：一二五）として、次のように述べている。

感じられた身体について語られたことはどれも、身体が属する感じられるものの全体と、世界についても反響する。身体がこうした二つの相〔感じ取られる身体と感じ取る身体：引用者注〕をもつ一つの身体であるならば、身体は自らのうちに感じられるものの全体を取り込んでいるのであり、その同じ運動によって、自らを「感じ取られるもの自体」に一体化することになる。（メル

ロ＝ポンティ　二〇二一：一三〇）

この意味で、メルロ＝ポンティにとって、「見られた世界はわたしの身体の「内」にあるのではないし、わたしの身体は究極の意味では見られる世界の「内」にあるのではない」（メルロ＝ポンティ　二〇二一：一三二）。世界は身体の周囲をぐるりと囲んでいるようなものではない。それはまた、身体のある種の器官によって一方的に取り込まれるようなものではない。世界はむしろ、「私の身体」という「一つの〈肉〉に重ねられた〈肉〉」（メルロ＝ポンティ　二〇二一：一三二）であり、「肉（世界の肉であれ、私の肉であれ）は、偶然性でもなければ混沌でもなく、おのれ自身に還帰し、おのれ自身に適合する組成《きめ》」（メルロ＝ポンティ　二〇一七：二〇一）なのであり、「見えるものの見る身体への、触れられるものの触れる身体への巻きつき」（メルロ＝ポンティ　二〇一七：二〇二）なのだ。メルロ＝ポンティにとって、「肉」とは「この感じ取られるものそのものにおける一般性」であり、それは「質料でも、精神でも、実体でもな」く、「一般的な事物」――それは単なる「事実の総計」ではなく、「事実の可能性を作り出し、事実を要求するもの、ひとことで言えば〈事実性〉、すなわち事実を事実たらしめるものである」――であり（メルロ＝ポンティ　二〇二一：一三三－一三四）、そして、「私の身体」とはそのような〈肉〉という「〈存在〉のきわめて注目に値する異本」（メルロ＝ポンティ　二〇二一：一八九）なのである。

このように身体と世界が「絡み合い」の関係にあり、「世界とは或る意味では私の身体の延長にすぎ」ず、「私には、自分が世界だと言う正当な根拠がある」（メルロ＝ポンティ 二〇一七：八三）。しかし、そうだとして、もしも、世界が、そう、様々な規範によって構成されている社会的世界が、「私の身体」を受け入れないのであれば、つまり、世界が私を受け入れる〈器〉ではないとき、そのとき、何が起こるのか。もし、メルロ＝ポンティが述べていたように、「感じられた身体について語られたことはどれも、身体が属する感じられるものの全体と、世界についても反響する」のであるのなら、この社会的世界が私の身体を受け入れないとき、その「反響」は一種の不協和音として到来するのではないか。

サラ・アーメッドは「ハンマーの共鳴性」において次のように述べている。

私たちが世界について学ぶのは、その世界が私たちを受け入れないときである。受け入れられないという経験はペダゴギーでありうる。私たちはその世界のなかで闘う必要があるのであり、その闘いを通して様々なアイディアを生み出す。つまり、私たちの存在が問題《クエッション》になるとき、私たちは世界を問《クエッション》うようになるのだ。問いがあなたのいる場所になるとき、あらゆることが問いに投げ込まれる。慣れ親しんだ状況はもちろん不慣れな状況であっても、その状況を理解し導くことを可能にしてくれるような手近にあるどんな説明ももはやうまくいかない。問題にされるということは、ぎょっとさせるだけでなく敵意を向けてきもする世界に投げ込まれることである。あるいは、こんな風にも言えるだろう。私たちは居場所をもたないとき、どこから来たのかと尋ねられたり、何者（who）なのかと尋ねられたりし、ひどいときには何（what）なのかと尋ねられさえする。ゴン、ゴン、ゴン――私たちは経験する、私たちの存在に振り落とされるハンマーを。（Ahmed 2016: 22）

「世界」が「私」あるいは「私の身体」を受け入れないとき、「私」あるいは「私の身体」は「問題」あるいは「トラブル」になる。そして、「問題にされるということは、ぎょっとさせるだけでなく敵意を向けてきもする世界に投げ込まれること」であり、それは「ハンマー」を「振り落とされる」経験である。「私の身体」が「問題／トラブル」になるとき、あるいは、私が「私の身体」を愛することができないとき、それはその人にとって世界が〈器〉としては機能していないことを意味するのであり、あるいは、その身体はまさに、現在の世界が〈器〉ではないことの証である。そしてアーメッドが言うように、「私たちの存在が問題《クエッション》になるとき、私たちは世界を問《クエッション》うようになる」、あるいは、問わざるをえない。

このアーメッドのエッセイは「トランス排除的ラディカル・フェミニズムの問題、つまり、いくつかのフェミニストのスペースのなかでこのハンマーによる殴打がいかにして起こっているのかという問題について」、それに抗して書かれたテクストであり、とくに、二〇一五年二月一日の『ガーディアン』紙に掲載された「トランスとセックスワーカーの活動家たちが自分たちに向けられた暴力として知覚した言論に対抗するために用いる戦術を弾劾するオープンレター」に批判的な焦点を当てて書かれたものである（Ahmed 2016: 23）。その議論のなかで、アーメッドは彼女が「反証システム」と呼ぶものを記述している。「反証は一種の証明であり、それは相手方当事者（adverse party）によって提示された証拠の矛盾をつき、それを無効にするために提示される証拠である。反証とは、すでに提示された証拠に反対することを目的とした証明の一種である」（Ahmed 2016:29）が、この「反証」がある一部の人たちの「存在」そのものに向けられるとき、それは彼女が言う「反証システム」になる。

では、もしあなたが自分自身の存在の証明を提示するよう求められたら、どうだろうか。存在自体が証明を必要とするものとして理解されるとき、そのとき、反証は証拠に対してだけでなく存在そのものにも向けられることになる。存在そのものを証明せよという要求によって、存在は無効にすることができるものになる。あなたの存在を証明せよというまさにこの要求は詰まる所、あなたの存在そのものを標的にしているのだ。（Ahmed 2016: 29）

いま、日本でも起こっているトランス排除の波において働いているのはまさにこの「反証システム」であり、それは二〇一八年の夏以降、猛威を奮い、加熱の一途を辿っている――もちろん、それは突如始まったわけではなく、それ以前にも存在したが。このような近年のトランス排除に関して、例えば、『反トランス差別ZINE――われらはすでに共にある』所収のテクスト「クィアな自認の時間性——あなたにそれが届くまで」で、青本柚紀は次のように述べている（ちなみに、先ほど挙げた三木那由多のエッセイも同書に収録されているものである）。

出生時に割り当てられたものと異なる性を生きる人たちは存在している。寝て、起きて、ものを食べて。そうやって日々を過ごすのと同じくらい「あたりまえに」生きている。出生時の割り当てとは異なる性を、そういった「あたりまえの生活」と同じくらい当然のこととして受け止めながら。／そのような人たちが存在から否定されるとき、その人が生きる性を「自称」として扱う表現がしばしば用いられる。このような表現から読み取られるのは出生時の割り当てとは異なるクィアな自認は「真実」ではない、あるいは、ある明確な基準をもって決定された出生時の割り当てが「本当の」性別である、という思想である。そういった表現が用いられるとき、クィアな自認は「本当ではない」もの、もっといえば「思い込み・思いつき」として棄却される。（青本　二〇二二：一四）

あるいは、同テクストで、かがみもまた次のように述べている。

「人間は性転換できない」「トランス女性は身体男性」「手術しても男は男」「性別は一生変えられない。性別は変えられるなんて嘘で、犯罪的なイデオロギーだ」——見るだけでめまいがしそうな言葉の数々が、どれも私の心に突き刺さり、私の存在を根底から否定しようとします。〔…〕これらの言葉を見るたびに、私はあるメッセージをはっきり受け取ります。「お前は人間じゃない」「死ねばいい」と。（かがみ　二〇二二：三二）

明らかに、「われら」がいるこの「世界」は「われら」を受け入れていない。それどころか、「われら」の「存在」はその「世界」によって格下げされ、棄却され、否定され、拒絶されている。まさにアーメッドが言うように、「あなたの存在が反証の対象であるとき、生存は大変なプロジェクトになる。絶えずあなたの存在を削りとっていくシステムを、あなたは生き延びる必要があるのである」（Ahmed 2016: 31）。果たして、そのような世界のなかで、私たちは自分の身体を「ありのままに」愛することができるだろうか。「私」が「私の身体」を愛することができないとき、それは本当に「私個人の問題」に還元できるのか。むしろ、「私」が「私の身体」を愛することができないとしたら、その愛の困難が示唆しているのはこの世界がクソであるという事実ではないのか。

繰り返そう。「私は自分の身体を愛することができるか」——それは個人的かつ集合的、そして政治的な問いである。そして、それは私たちがまさにその渦中を生きているところの問いである。あらゆる人にとってこの世界が「私の身体」を受け入れる〈器〉になるまで、この問いは問いであることをやめないだろう。

世界が〈器〉になるまで、私たちはこの身体で世界を問うのだ。

あとがき

“Not like this, not like this……”

――それはたしかに、私の内なる声でもあった。私が本書でなによりも考えたかったのは、私自身の実存、私自身のアイデンティティ、私自身のジェンダーだった。既存の言語体系のなかでは自らの存在を十分には捉えることができない、何かが違う、「こんな風にではなく……」――その切迫した実感から、私は言葉を、理論を欲した。本書でその渇望を十分に満たしたとは思わないが、それでも、この本は私にとって特別な一冊になった。まるで、自分自身で自分のためのバイブルを書いたようだ。

「理論」は私にとって「生きた言葉」であり、「生き延びるために絶対に必要な言葉の織物」だ。フェミニズムの、クィアの、トランスの「理論」は明らかに私の生を押し拡げ、背中を押してくれた。「生」と「理論」を切り離す考えを、私は嫌悪し、そのような考えに全力で反対する。「理論家」とは「一部の専門家」のことではない。とりわけ、社会のなかでマイノリティとされる人たちは、自己のその「非規範的な」生を生きるために、学問的であろうとなかろうと、なんらかの「理論」を必要とする。私の書いたものはなるほど、「学問的な」〝それっぽい〟仕様になっているように見えるかもしれないが、根っこにある渇望は別段、学者に特有なものではない。

私が生きるジェンダーとは何だろうか。私はそれをどう生きたいのか。私とは何なのか……。トランスジェンダーの社会的認知が高まり、その説明図式も相当に周知されるようになった。「心の性」とか「ジェンダー・アイデンティティ／性自認」といった言葉がトランスの存在を説明するために広く用いられるようになった。それはたしかに、一般社会に向けて、トランスを説明する上で有益なものだし、その説明図式にしっくりくる感覚をもつ当事者もいるだろう。だから、私はこれらの用語を全否定しているわけではない。しかしながら、他方で、私はそれらの用語で私自身の存在を、実存を、ジェンダーを十分に言葉にはできないような違和があった。その違和の存在が本書の出発点になった。

そしてまた、決して些末ではなく重要なことに、本書はちょうど、日本においてもトランス排除的言説が猛威を奮いはじめ、いまなお加熱の一途を辿っている状況のなかで書かれた。本文とこの「あとがき」のあいだにもタイムラグがある。ここで書いた文章のほとんどは実際に出版するよりもずいぶん前にほとんど完成していた。したがって、本文を書き終え、このあとがきを書く二〇二四年三月までのあいだにラグは発生し、その間にも様々な出来事があった。大学で授業をしていても「トランスジェンダーへの〝危惧〟」を語る学生が相当に増えたように感じている。トランスはまるで、ただ単に生きるために自らの存在を弁明しなければいけないかのようだ。本書の執筆を進めていた頃、私はかなり不安定な情緒のなかにいた。私は不遜なことに現在のトランスフォビックな情勢のなかで可能な限り早く本書を出版したいという思いを抱きながら、大学業務をはじめとした多忙極まる毎日のなかで焦燥感に駆られていた。本書がどのように読まれるのかという不安もあるが、いまはそれよりも、とにもかくにも書き切ったという安堵が大きい。

本書で書いた内容の一部は京都産業大学の講義「思想文化特論B」で扱った。学生の皆さんからいただいたコメントはひじょうに有益かつ励みになるものだった。この場を借りて、学生の皆さんにお礼申し上げたい。古怒田望人/いりやさんには毎度のことながら様々な形で支えてもらった。学術的なこと、ジェンダーのこと、メンタルヘルスのことなど、多岐にわたる相談にも乗っていただいた。いつも、ありがとう。白瀧礼奈さんにもこの間、かなりの相談に乗ってもらい、ご迷惑をおかけしましたが、その存在そのものがひじょうに温かく、心強かったです。本当にありがとう。宮﨑理さんもこの間、折に触れて絶妙のタイミングで連絡を下さり、離れた場所ではあるが頼れる存在がいることにとても安心したことが何度となくありました。また必ず飲みましょう。町田奈緒士さんには、ご自身の著書『トランスジェンダーを生きる――語り合いから描く体験の「質感」』(ミネルヴァ書房、二〇二二年)の書評を書く機会をいただき、そのやりとりのなかで私自身の研究に繋がる多くのアイディアをいただきました。これからもどうぞよろしくお願いします。拙著『ジュディス・バトラー――生と哲学を賭けた闘い』(以文社、二〇一八年)につづき、再び、編集者の大野真さんにお世話になりました。大野さんからいただくコメントに励まされ、また、これまでのやりとりから培われた関係性のおかげで安心して自由に書くことができました。本当にありがとうございました。

ここに名前を挙げなかったひとたちのなかには、そのひとの存在がなければ、私自身の生存が危ぶまれただろうというひとたちがいます。たくさん支えられながら、しかし、どのように感謝の気持ちを言葉で表現すればいいのか、いまの私にはわからない。言葉を仕事にしておきながら、なんとも情けない話だ。あなたたちの存在が欠けていれば、私は生存することが難しかったにちがいない。存在してくれて、ありがとう。

そして、最後に、わたしへ。例によって、序文というのは最後の方に書かれるものだ。序文をあらかた書き終わり、読み直しているとき、恥ずかしい話だが図らずも泣いてしまった。自分が書いた文章に自分自身がこれほど励まされるというのははじめての経験だった。あまりにも自分勝手な考えかもしれないが、私は本書を誰よりも自分自身のために書いたのだと思う。たくさんのひとに迷惑をかけ、たくさんたくさん支えられながら、それなのに、なんて自分本位なんだろうと思うけれど、それでも最後に、なにより自分自身を褒めたいと思う——よくがんばったね、わたし。

改めて思うのは、私はどうやら物を書かなくては生きていけない業を背負っているらしいということだ。書かないと生きていけないのなら、書け、書け、書け。紡げ、紡げ、紡げ。繋げ、繋げ、繋げ。書くことがどれだけ孤独な作業でも、おそらく、私はひとりではないはずだ。

これを読んでいるあなたのなかの誰かに繋がりますようにと祈りながら。

二〇二四年三月二六日　　藤高和輝

参考文献

アガンベン、ジョルジョ、二〇〇五、高桑和巳訳『バートルビー――偶然性について』月曜社。

Ahmed, Sara, 2016, "An Affinity of Hammers," in *TSQ*, vol. 3, no. 1-2: pp. 22-34.（＝アーメッド、サラ、二〇二二、藤高和輝訳「ハンマーの共鳴性」『現代思想』二〇二二年五月号、青土社、九〇－一〇六。）

Ahmed, Sara, 2017, *Living a Feminist Life*, Duke University Press.

雨瀬シオリ、二〇二〇、『ここは今から倫理です。』四巻、集英社。

――――、二〇二〇、『ここは今から倫理です。』五巻、集英社。

米国精神医学会、二〇〇四、高橋三郎・大野裕・染矢俊幸訳『DSM-IV-TR 精神疾患の診断・統計マニュアル』医学書院。

米国精神医学会、二〇一七、高橋三郎・大野裕監訳、染矢俊幸・神庭重信・尾崎紀夫・三村將・村井俊哉訳『DSM-5 精神疾患の診断・統計マニュアル』医学書院。

青本柚紀、二〇二二、「クィアな自認の時間性――あなたにそれが届くまで」『反トランス差別ZINE――われらはすでに共にある』しまや出版、一四－一七。

Bersani, Leo, 1995, ***HOMOS***, Harvard University Press.

Bettcher, Talia Mae, 2009, "Feminist Perspectives on Trans Issue." https://plato.stanford.edu/archives/spr2014/entries/feminism-trans/（二〇二〇年六月九日閲覧確認）

Butler, Judith, 1998, "How Can I Deny That These Hands and This Body Are Mine?" in Cohen, Tom, et al., ed.,

Material Events: Paul de Man and the Afterlife of Theory, Minnesota University Press, pp. 254-273.

——, 2004a, "Endangered/Endangering: Schematic Racism and White Paranoia," in *The Judith Butler Reader*, ed. Sara Salih, Blackwell Publishing, pp. 204-211.（＝バトラー、ジュディス、一九九七、池田成一訳「危険にさらされている／危険にさらす——図式的人種差別と白人のパラノイア」『現代思想』一九九七年一〇月号［vol. 25-11］、一二三－一三一。）

——, 2004b, *Undoing Gender*, New York and London, Routledge Press.

Butler, Judith, 2005, *Giving an Account of Oneself*, New York: Fordham University Press.（＝バトラー、ジュディス、二〇〇八、佐藤嘉幸・清水知子訳『自分自身を説明すること——倫理的暴力の批判』月曜社。）

——, 2010, *Gender Trouble: Feminism and the Subversion of Identity*, Routledge Press.（＝バトラー、ジュディス、二〇〇六、竹村和子訳『ジェンダー・トラブル——フェミニズムとアイデンティティの攪乱』青土社。）

——, 2011, *Bodies That Matter: On the Discursive Limits of "Sex"*, Routledge Press.（＝バトラー、ジュディス、二〇二一、佐藤嘉幸監訳、竹村和子・越智博美ほか訳『問題＝物質となる身体——「セックス」の言説的境界について』以文社。）

——, 2015, Notes Toward A Performative Theory of Assembly, Harvard University Press.（＝バトラー、ジュディス、二〇一八、佐藤嘉幸・清水知子訳『アセンブリ——行為遂行性・複数性・政治』青土社。）

コーネル、ドゥルシラ、二〇〇六、仲正昌樹監訳『イマジナリーな領域——中絶、ポルノグラフィ、セクシュアル・ハラスメント』御茶の水書房。

ドゥルーズ、ジル、二〇一〇、守中高明・谷昌親訳『批評と臨床』河出文庫。

遠藤まめた、二〇一四、「からだを愛する」はむずかしい？　身体違和とともに生きるということ」『季刊セクシュアリティ』六七号（no. 67）、五四－五九。

——、二〇一八、『オレは絶対にワタシじゃない　トランスジェンダー逆襲の記』はるか書房。

榎本櫻湖、二〇一七、「「性同一性障害」だったわたし」『現代詩手帖』思潮社、一三二－一四五。

ファノン、フランツ、二〇〇四、海老坂武・加藤晴久訳『黒い皮膚・白い仮面』みすず書房。
Focault, Michel, 2010, *Surveiller et punir : Naissance de la prison*, Gallimard.
――, 1976, *Histoire de la sexualité 1: La volonté de savoir*, Gallimard.
フロイト、ジグムント、二〇〇七、道籏泰三訳「自我とエス」新宮一成他編『フロイト全集18』岩波書店、一-六二。
藤高和輝、二〇一五、「バトラーのマテリアリズム」大阪大学大学院人間科学研究科『大阪大学大学院人間科学研究科紀要』、一九三-二一二。
――、二〇一八、『ジュディス・バトラー――生と哲学を賭けた闘い』以文社。
――、二〇一九、「後回しにされる「差別」――トランスジェンダーを加害者扱いする「想像的逆転」に抗して」『Wezzy』。(二〇二一年一月二日取得、https://wezz-y.com/archives/67425)
――、二〇二二、『トラブルとしてのフェミニズム――「とり乱させない抑圧」に抗して』青土社。
Grosz, Elizabeth, 1995, *Volatile Bodies: Toward a Corporeal Feminism, Theories of Representation and Difference*, India University Press.
Halberstam, Jack, 2018, *Trans*: A Quick and Quirky Account of Gender Variability*, University of California Press.
Hansbury, Griffin M.A. L.M.S.W., 2005, "The Middle Men: An Introduction to the Transmasculine Identities," in *Studies in Gender and Sexuality*, vol. 6, mo. 3, pp. 241-264.
フックス、ベル、二〇〇三、堀田碧訳『フェミニズムはみんなのもの――情熱の政治学』新水社。
――、二〇一〇、大類久恵・柳沢圭子訳『アメリカ黒人女性とフェミニズム――ベル・フックスの「私は女じゃないの?」』明石書店。
堀田季何、二〇二一、『星貌』邑書林。
井芹真紀子、二〇一〇、「〈トラブル〉再考――女性による女性性の遂行と撹乱」『ジェンダー&セクシュアリティ』五号(vol. 5)、二三-四三。

かがみ、二〇二二、「「キラキラしたトランスジェンダリズム」ってなんですか?」『反トランス差別ZINE——われらはすでに共にある』しまや出版、二九－三三。

金井淑子、二〇一三、『倫理学とフェミニズム——ジェンダー、身体、他者をめぐるジレンマ』ナカニシヤ出版。

風間孝、二〇〇八、「「中性人間」とは誰か?——性的マイノリティへの「フォビア」を踏まえた抵抗へ」『女性学』二〇〇七年一五号(vol. 15)、二三－三三。

菊池夏野、二〇一九、「憧れと絶望に世界を引き裂くポストフェミニズム——「リーン・イン」、女性活躍、『さよならミニスカート』」『早稲田文学』二〇一九年冬号(vol. 1030)、四－一二。

古怒田望人/いりや、二〇二一「ままならない交差点——ジェンダークィアのボクが生きてきたこの身体について」『現代思想』二〇二一年一一月号(vol. 49, no. 13)、七七－八二。

Label X編、二〇一六、『Xジェンダーって何? 日本における多様な性のあり方』緑風出版。

ラカン、ジャック、一九九四、宮本忠雄・竹内迪也・佐々木孝次訳「〈わたし〉の機能を形成するものとしての鏡像段階」『エクリI』弘文堂、一二三－一三四。

町田奈緒士、二〇一八、「関係の中で立ち上がる性——トランスジェンダー者の性別違和についての関係論的検討——」『人間・環境学』二七号(vol. 27)、一七－三三。

メルロ=ポンティ、モーリス、一九七五、竹内芳郎・小木貞孝訳『知覚の現象学I』みすず書房。

——、一九八六、滝浦静雄・木田元訳『眼と精神』みすず書房。

——、二〇一七、滝浦静雄・木田元訳『見えるものと見えないもの 付・研究ノート』みすず書房。

——、二〇二一、中山元訳「絡み合い——キアスム」『メルロ=ポンティ・コレクション』ちくま学芸文庫、一一六－一六五。

三木那由多、二〇二二、「くだらない話がしたい」『反トランス差別ZINE——われらはすでに共にある』しまや出版、六－九。

三橋順子、二〇〇六、「往還するジェンダーと身体——トランスジェンダーを生きる」鷲田清一編『身体をめぐるレッスン1 夢みる身体』岩波書店、五三－八〇。

Muñoz, José Esteban, 2009, *Cruising Utopia : The Then and There of Queer Futurity*, New York University Press.

岡崎佑香、二〇一九、「文字通り病み痛む身体？――ジュディス・バトラー『問題なのは身体だ』の身体論」『現代思想』二〇一九年三月臨時増刊号（vol. 47, no. 3）、一五四－一六五。

Prosser, Jay, 1998, *Second Skins: The Body Narratives of Transsexuality*, Columbia University Press.

ROS、二〇〇七、『トランスがわかりません!!　ゆらぎのセクシュアリティ考』アットワークス。

――、二〇〇八、『恋愛のフツーがわかりません!!　ゆらぎのセクシュアリティ考2』アットワークス。

Rubin, Gayle, 2011, "Of Catamites and Kings: Reflections on Butch, Gender, and Boundaries" in *Deviations*, Duke University Press, pp. 241-253.

Rubin, Henry, 2003, *Self-Made Men: Identity and Embodiment among Transsexual Men*, Vanderbilt University Press.

酒井隆史、二〇一六、『暴力の哲学』河出文庫。

佐倉智美、二〇〇六、『性同一性障害の社会学』現代書館。

Salamon, Gayle, 2010, *Assuming a Body: Transgender and Rhetorics of Materiality*, Columbia University Press.（＝二〇一九、藤高和輝訳『身体を引き受ける――トランスジェンダーと物質性のレトリック』以文社。）

――, 2018, *The Life and Death of Latisha King: A Critical Phenomenology of Transphobia*, New York University Press.

Sartre, J. P., 2017, *L'être et le néant: Essai d'ontologie phénoménologique*, Gallimard.（＝サルトル、J・P、二〇〇八、松浪信三郎訳『存在と無――現象学的存在論の試み（Ⅱ）』ちくま学芸文庫。）

千田有紀、二〇二〇a、「「女」の境界線を引きなおす――「ターフ」をめぐる対立を超えて」『現代思想』二〇二〇年三月臨時増刊号（vol. 48, no. 4）、青土社、二四六－二五六。

――、二〇二〇b「「女」の境界線を引き直す意味――『現代思想』論文の誤読の要約が流通している件について」。（二〇二一年四月四日取得、https://note.com/sendayuki/n/n62aebf2fcd7e）

Serano, Julia , 2016, *Excluded: Making Feminist and Queer Movements More Inclusive*, Seal Press.

清水晶子、二〇〇三、「期待を裏切る――フェムとその不可視の「アイデンティティ」について」『女性学』一一号（vol. 11）、日本女性学会、五二－六八。
――――、二〇二〇、「埋没した棘――現れないかもしれない複数性のクィア・ポリティクスのために――」『思想』二〇二三年三月号（vol. 1151）、三五－五一。
――――、二〇二一、「「同じ女性」ではないことの希望――フェミニズムとインターセクショナリティ」岩渕功一編『多様性との対話――ダイバーシティ推進が見えなくするもの』青弓社、一四五－一六四。
Silverman, Kaja, 1996, *The Threshold of the Visible World*, Routledge.
Spade, Dean, "Remarks at Transecting the Academy Conference (rough notes)."（二〇二一年一月九日取得。http://www.makezine.org/transecting.html）
SPFデール、二〇一六、「Xジェンダーの登場――一人のケースからXジェンダーについて考える」Label X編『Xジェンダーって何？ 日本における多様な性のあり方』緑風出版、五八－六七。
Stallings, L. H., 2015, *Funk the Erotic: Transaesthetics and Black Sexual Culture*, University of Illinois Press.
Stryker, Susan, 2004, "Transgender Studies: Queer Theory's Evil Twin," in *GLQ: A Journal of Lesbian and Gay Studies*, vol. 10, no. 2: pp. 212-215.
Stryker, Susan and Whittle, Stephen, 2006, *Transgender Studies Reader*, Routledge.
杉田水脈、二〇一八、「「LGBT」支援の度が過ぎる」『新潮45』二〇一八年八月号（vol. 436）、五七－六〇。
鈴木みのり、二〇二〇a、「わたしの声の複数――トランスジェンダー女性の生／性の可能性を探って」『新潮』二〇二〇年三月号（vol. 117, no. 3）、二〇一－二一一。
――――、二〇二〇b、「取るに足らないおしゃべりの中から」井上彼方編『私・からだ・社会についてフェミニズムと考える本』社会評論社、三三－四二。
田中玲、二〇〇七、「クィアと「優先順位」の問題」『女性学』一五号（vol. 15）、日本女性学会、四六－四九。
鶴田幸恵、二〇〇九、『性同一性障害のエスノグラフィー――性現象の社会学』ハーベスト社。

蔦森樹、一九九六、「ジェンダー化された身体を超えて――「男の」身体の政治性」井上俊、上野千鶴子、大澤真幸、見田宗介、吉見俊哉編『岩波講座現代社会学第11巻　ジェンダーの社会学』岩波書店、一三三－一五〇。

――、二〇〇一、『男でもなく女でもなく――本当の私らしさを求めて』朝日文庫。

Weiss, Gail, 1999, *Body Images: Embodiment as Intercorporeality*, Routledge.

山田秀頌、二〇二〇、「トランスジェンダーの普遍化によるGIDをめぐるアンビヴァレンスの抹消」『ジェンダー研究：お茶の水女子大学ジェンダー研究所年報』二三号（vol. 23）、お茶の水女子大学ジェンダー研究所、四七－六五。

吉永みち子、二〇一二、『性同一性障害――性転換の朝《あした》』集英社新書。

吉野靫、二〇二〇、『誰かの理想を生きられはしない――とり残された者のためのトランスジェンダー史』青土社。

夜のそら：Aセク情報室、二〇二〇a、「恋愛伴侶規範（amatonormativity）とは」。（二〇二三年三月一三日取得、https://note.com/asexualnight/n/ndb5d61122c96#AZFPg）

――、二〇二〇b、「未来人と産業廃棄物――千田先生の「ターフ」論文を読んで」。（二〇二一年四月五日取得、https://note.com/asexualnight/n/n8ef173987d74）

ゆな、二〇二〇、「千田有紀「「女」の境界線を引きなおす：「ターフ」をめぐる対立を超えて」（『現代思想3月臨時増刊号　総特集フェミニズムの現在』）を読んで」『ゆなの視点』。（二〇二一年一月二日取得、https://snartasa.hatenablog.com/entry/2020/02/20/034820）

各章の初出は以下の通りである。初出のあるものはそれぞれ本書に収める上で適宜修正を施している。

序　章　マトリックスの夢、あるいは真理の場所【書き下ろし】

第一章　感じられた身体――トランスジェンダーと『知覚の現象学』
【藤高和輝　二〇一九、「感じられた身体――トランスジェンダーと『知覚の現象学』」『立命館大学人文科学研究所紀要』vol. 120：二一七-二三一】

第二章　身体を書き直す――トランスジェンダー理論としての『ジェンダー・トラブル』
【藤高和輝　二〇一九、「身体を書き直す――トランスジェンダー理論としての『ジェンダー・トラブル』」『現代思想』vol. 47, no. 3、青土社：一七六-一九〇】

第三章　たったひとつの、私のものではない、私の身体【書き下ろし】

第四章　パスの現象学――トランスジェンダーとサルトルの眼差し
【藤高和輝　二〇二三、「パスの現象学――トランスジェンダーと「眼差し」の問題」稲原美苗・川崎唯史・中澤瞳・宮原優編『フェミニスト現象学――経験が響き合う場所へ』ナカニシヤ出版：九三-一一〇】

第五章　ポストフェミニズムとしてのトランス？
【藤高和輝　二〇二一、「ポストフェミニズムとしてのトランス？――千田有紀「「女」の境界線を引き直す」を読

み解く」『ジェンダー研究：お茶の水女子大学ジェンダー研究所年報』vol. 24：一七一－一八七】

第六章　語りを掘り起こす――トランスの物質性とその抹消に抗する語り
【藤高和輝　二〇二三、「語りを掘り起こす――トランスの物質性とその抹消に抗する語り」菊地夏野・堀江有里・飯野由里子編『クィア・スタディーズをひらく3――健康／病、障害、身体』晃洋書房：二二－四五】

第七章　トランス・アイデンティティーズ、あるいは「名のなかにあるもの」について
【藤高和輝　二〇二二、「トランス・アイデンティティーズ、あるいは「名のなかにあるもの」について」『思想』no. 1176、岩波書店：六五－八三】

終　章　「私は自分の身体を愛することができるか」【書き下ろし】

＊本研究はＪＳＰＳ科研費２１Ｋ１７９９２の助成を受けたものである。

著者紹介

藤高和輝
（ふじたか かずき）

大阪大学大学院人間科学研究科博士後期課程修了。博士（人間科学）。京都産業大学准教授。著書に、『ジュディス・バトラー——生と哲学を賭けた闘い』（以文社）、『〈トラブル〉としてのフェミニズム——「とり乱させない抑圧」に抗して』（青土社）。共著書に、『フェミニスト現象学入門——経験から「普通」を問い直す』（ナカニシヤ出版）、『フェミニスト現象学——経験が響き合う場所へ』（ナカニシヤ出版）、『クィア・スタディーズをひらく 3——健康／病、障害、身体』（晃洋書房）など。翻訳書に、ゲイル・サラモン『身体を引き受ける——トランスジェンダーと物質性のレトリック』（以文社）。

ノット・ライク・ディス
——トランスジェンダーと身体の哲学

2024年5月25日　初版第1刷発行

著　者　藤高和輝

発行者　大　野　真

発行所　以　文　社

〒101-0051 東京都千代田区神田神保町2-12
TEL 03-6272-6536　FAX 03-6272-6538
http://www.ibunsha.co.jp/
印刷・製本：中央精版印刷

ISBN978-4-7531-0384-3

Printed in Japan